R. Jichow

Liebe Leserinnen und Leser!

Kerstin Jacobsen

„Mit sechs beginnt der Ernst des Lebens. Das hatte Annette schon oft gehört. Was dieser Ernst des Lebens eigentlich war, das wusste sie nicht. Aber dann sollte Annette ihn doch noch kennenlernen. Denn kurz nach ihrem Geburtstag kam sie in die Schule."

Ein Ausschnitt aus dem Kinderbuch „Der Ernst des Lebens" von Sabine Jörg zeigt: Der Respekt vor dem Schulanfang ist ungebrochen. Vielleicht haben die Eltern sogar noch mehr Angst davor als die Kinder?

Den Kindern und Eltern ein gutes Gefühl geben, Strukturen schaffen, motivieren, Klassengemeinschaft wachsen lassen: Dies alles ist Schulanfang! Alle Kinder mit ihren unterschiedlichen Voraussetzungen müssen unter „einen Hut" gebracht werden. Für Lehrerinnen und Lehrer von ersten Klassen ist das keine leichte Aufgabe. Dass aus den Kindern eine Gemeinschaft wird und dass alle auch noch mit Spaß und Freude lesen und schreiben lernen, dazu braucht es Courage, Struktur, Ideen.

Mit der ersten Ausgabe von PRAXIS GRUNDSCHULE EXTRA, „Schulanfang mit Pfiff!" möchten wir Sie beim Start mit Ihrem ersten Schuljahr unterstützen. Ein besonderes Augenmerk haben wir darauf gelegt, dass Sie der Heterogenität unter Ihren Schulanfängern gerecht werden können. Neben Ideen und Vorschlägen zum organisatorischen Rahmen und den pädagogischen Grundlagen finden Sie eine Vielzahl an Materialien, die ein differenziertes Vorgehen ermöglichen, um jedes Kind dort abzuholen, wo es am Schulanfang steht. So ist ein Sammelband mit vielen besonderen Ideen entstanden. Davon profitieren Sie als „alter Hase" genauso wie als neue Erstklasslehrerin.

„Jedem Anfang wohnt ein Zauber inne..." Ob Hermann Hesse bei seinem berühmten Gedicht auch an den Schulanfang gedacht hat? Ich weiß es nicht. Dass Ihnen der Start mit Ihrem ersten Schuljahr jedoch zauberhaft gelingen möge – das wünscht Ihnen von Herzen

Ihre Kerstin Jacobsen

EXTRA-BEILAGE

Poster „Unsere Klasse"

INHALT

ILLUSTRATION: ESTHER SEITKA

„Hilfe, ein erstes Schuljahr!"

Die Übernahme einer ersten Schulklasse (Teil 1)

VON CARSTA COENEN

Wenn die I-Männchen vor der Tür stehen, ruft das bei deren künftigen Klassenlehrerinnen und -lehrern oft auch Unsicherheit hervor: Wie soll man sich vorbereiten ...

FOTO: MARTIN POHNER/FOTOLIA

Damit sein Start in die Schullaufbahn glückt, wurde im Vorfeld schon vieles geplant und vorbereitet.

In der Regel erfolgt die Vorbereitung auf die neuen „I-Männchen" lange vor dem eigentlichen Schulbeginn. Vieles muss bedacht und geregelt sein, damit es nach dem ersten Schultag erfolgreich „losgehen" kann.

SCHÜLER – BEOBACHTUNGEN VOR SCHULBEGINN

Erste Möglichkeiten zum Kennenlernen der Kinder bieten sich bereits bei der Anmeldung der Schulanfänger. Je nach Gestaltung des Anmeldeverfahrens können Beobachtungsstrukturen installiert werden, indem zu relevanten Bereichen (Sprache, logisches Denken, Wahrnehmung, Konzentration und Motorik) spielerische Aktionen durchgeführt und dokumentiert werden. Möglichkeiten der Erfassung sind der selbst erstellte oder standardisierte Beobachtungsbogen mit einfacher Bewertungsskala (z. B. 0–5) und Raum für Bemerkungen. Eine Durchführung im Team ist vorteilhaft, ggf. an bis zu vier Stationen, um eine betreuende und eine dokumentierende

Lehrkraft zu haben. Resultierend aus der Auswertung der Beobachtungen können den Eltern bei Auffälligkeiten Rückmeldungen gegeben werden, die auch Tipps zur häuslichen Unterstützung in dem jeweiligen Bereich enthalten.

Auf diese Weise hat man bereits Monate vor Schulbeginn – noch folgende Entwicklungsschübe natürlich einkalkulierend – die Möglichkeit, Stärken und Schwächen der Lernanfänger frühzeitig zu erkennen und im Hinblick auf einen gelungenen Schulstart in den Dialog mit der Elternschaft zu treten.

Diese erste Beobachtungsreihe kann im Frühsommer fortgesetzt werden. Oft finden dann Schnuppertage in den Grundschulen statt, an denen die Kindergartenkinder in Kleingruppen eine Schulstunde besuchen (möglichst in Teilgruppen des ersten Jahrgangs). Auch hier wäre eine Teambesetzung mit Lehrpersonen sinnvoll, um Verhaltensweisen der neuen Lernanfänger auf ähnlich strukturierten Beobachtungsbögen wie beim Anmeldeverfahren zu dokumentieren.

Wird noch eine Beobachtungsreihe innerhalb der ersten sechs Schulwochen hinzugefügt, ergibt sich ein kontinuierliches Diagnoseinstrument, auf dessen Grundlage individuelle Förderpläne erstellt, Defizite aufgefangen sowie Stärken gefördert werden können.

DIALOG MIT DEN ELTERN

Die vertrauensvolle Zusammenarbeit mit der Elternschaft ist eine wichtige Säule für die positive Gestaltung der Grundschulzeit im Sinne der Kinder.

Im Allgemeinen findet für die Eltern bereits ein Jahr vor der Einschulung ein Infoabend statt, u. a. um sie hinsichtlich der Modalitäten der Sprachstandsfeststellungen in Kenntnis zu setzen. Durch die Transparenz der schulspezifischen Grundsätze bereits bei dieser Gelegenheit kann die Schule eigene Grundsätze transparent machen und sich somit als Partner der einzelnen Schülerinnen und Schüler auf ihren individuellen Lernwegen darstellen und den Wert einer engagierten Elternarbeit für das einzelne Kind und die Schule im allgemeinen vermitteln. Zugleich können hierbei Hinweise bezüglich der Basiskompetenzen gegeben werden, über die das Kind bei Schuleintritt verfügen sollte, in Verbindung mit Tipps zur elterlichen Unterstützung hinsichtlich ihrer Entwicklung.

Im Rahmen des Anmeldeverfahrens kann sich diese Elternarbeit fortsetzen. Dazu gehören eine positive Atmosphäre, eine angenehme Gesprächsstruktur und Unterstützungsangebote für die Zeit bis zum Schulbeginn.

Der letzte Elternabend vor Schulstart wird in der Regel im Frühsommer vor der Einschulung durchgeführt. Dort werden inhaltliche und organisatorische Fragen geklärt, die Unterrichtsorganisation, Betreuungsstrukturen und Klassenbildung betreffen.

SCHULLEITUNG UND LEHRER – INTERNE VORBEREITUNG

Die internen Vorbereitungen auf die Lernanfänger können nicht losgelöst von den spezifischen Gegebenheiten an der jeweiligen Schule betrachtet werden. Daher geht es im Folgenden darum, Möglichkeiten eines Leitfadens aufzuzeigen, der mit individuellen Vorgaben und Vorstellungen abgeglichen werden muss.

Klassenbildung

Bei der Einteilung der Klassen gibt es verschiedene Vorgehensweisen, die sich u. a. aus äußeren Faktoren (Fahrschüler, Betreuungsstrukturen etc.) ergeben. Dennoch ist es vorteilhaft, die Klassen in sich heterogen und auf der Stufenebene homogen einzuteilen. Wünsche von Eltern, die ihre Kinder aus emotionalen oder organisatorischen Gründen gerne mit Freunden oder Freundinnen in einer Klasse sehen würden, sollte man aufgreifen. Auch der gegenteilige Wunsch, nicht mit einem bestimmten Kind in der gleichen Klasse beschult zu werden, sollte berücksichtigt werden. Allerdings sollte die Anzahl der „Wunschpartner" auf maximal drei beschränkt sein, um Gruppenbildungen zu vermeiden. Zielführend ist die schriftliche Dokumentation der Wünsche, die von den jeweils betroffenen Eltern unterschrieben werden sollte – denn nicht immer sind die Wünsche identisch.

Es sollten immer zwei bis drei Kinder in der gleichen Gegend wohnen, um Schulwege und Betreuungsbedarf optimieren zu können; eine reine Einteilung nach Wohngebieten oder anderen sozialen Gesichtspunkten kann der Vergleichbarkeit von Schülern innerhalb einer Jahrgangsstufe abträglich sein und das parallele Arbeiten von Klassenlehrern erschweren. Wenn möglich, sollte auf eine gleichmäßige Einteilung bezüglich Geschlecht und Migrationshintergrund geachtet werden.

Information der Kinder und Eltern

Kurz vor den Sommerferien empfiehlt sich ein Anschreiben an die zukünftigen Erstklässler-Familien. In diesem „Paket" enthalten sein sollten Informationen zum Ablauf des Einschulungstages (ggf. Gottesdienst, Feier), Bücherbestellzettel, eine Liste der benötigten Materialien (möglichst einheitlich innerhalb der Jahrgangsstufe), ein persönliches Anschreiben an die Kinder mit der Möglichkeit einer Rückantwort durch die Schüler, beispielsweise auch ein Arbeitsblatt, auf dem diese z. B. sich selbst, persönliche Informationen, Hobbys etc. bildlich oder mit Hilfe der Eltern schriftlich darstellen können. Auf diese Weise erhält man eine von den Schülern bereits mitgestaltete Raumdekoration und schöne Erinnerung.

Weiterhin empfiehlt es sich, Klassensymbole zuzuordnen (z. B. unterschiedliche Tiere pro Klasse) und das jeweilige Klassentier als Plakette als Wiedererkennungszeichen für den ersten Tag beizulegen (parallel dazu das Symbol an der Klassentür anbringen). Auch ein Countdown-Kalender (Bildchen/Fußabdrücke) können in diesem „Paket" enthalten sein. Ebenso ein Schulwegeplan, der auf neuralgische Verkehrspunkte hinweist. Bei diesen Vorbereitungen lassen sich gut andere Schüler, z. B. die Viertklässler, einbinden.

Wahl des Unterrichtswerkes

Ebenfalls im Vorfeld wichtig ist die Entscheidung für das einzusetzende Lehrwerk, wobei gerade in diesem Punkt die internen Vorgaben stark variieren. Hier findet sich die komplette Palette von „Lesen durch Schreiben" ohne Lehrwerk bis hin zu der in der Lehrerkonferenz festgesetzten Entscheidung für ein, ggf. auch ab Klasse 2 fortgesetztes, Lehrwerk.

Bei einer Entscheidung (auf Jahrgangsebene) sollten folgende Aspekte Berücksichtigung finden:
- Schülerzusammensetzung,
- Leistungsniveau,
- Zielvorgaben der Schule sowie
- Möglichkeiten zum freien und gebundenen Arbeiten im Sinne einer Erziehung zur Methodenkompetenz.

Ebenfalls zu beachten ist die Praktikabilität für die Hand der Schüler, selbstständige Handhabung durch die Kinder, Umfang, Kosten und Sinnhaftigkeit von Zusatzmaterialien sowie die sinnvolle Einteilung der Anlauttabelle.

KLASSENRAUMGESTALTUNG

Einige grundsätzliche Überlegungen der Klassenlehrkraft eines zukünftigen ersten Schuljahres betreffen die Gestaltung des Klassenraumes als äußere Lernumgebung. Auch hier bestehen Rahmenbedingungen hinsichtlich Klassengröße, Raumgröße und Ausstattung. Dennoch ist es sinnvoll, einige Grundsätze im Rahmen der Realisierbarkeit zu beachten.

Der Klassenraum soll für die Schülerinnen und Schüler ein Ort sein, an dem sie sich wohl und aufgehoben fühlen. Das impliziert eine helle, freundliche Gestaltung, dezenten Raumschmuck, klare Strukturen und wenn möglich Arbeits-, Spiel- und Leseecken, die auch einen kurzzeitigen Rückzug erlauben. Als Sitzordnung bieten sich Gruppentische an, damit die Kinder einander kennenlernen, sich gegenseitig helfen können und etwaige „Belohnungssysteme" transparent eingeführt werden können (Smileys, Murmeln etc. für Gruppentische). Des Weiteren sollten für jedes Kind einheitliche Ablagefächer oder Ordner bereitstehen, für Malutensilien und Bücher/Hefte getrennt.

Zur besseren Orientierung kann man auch hier mit Symbolen arbeiten, sodass jedes Kind einen bestimmten Aufkleber auf seinem Namensschild und seinem Ablageplatz wiederfindet. Diese aus dem Kindergarten bekannten Strukturen erleichtern das Sich-Einfinden in den Schulalltag und geben den Kindern ein Gefühl von Sicherheit und Selbstbestimmung.

Am Anfang sollten nicht zu viele Reize in Form fachlicher Materialien gegeben werden. Als Basismaterial empfiehlt es sich, die gewählte Anlauttabelle, ggf. auch die einzelnen Buchstaben/-bilder sowie die Zahlen von 1 bis 20 mit Punktmuster versehen deutlich sichtbar im Klassenraum aufzuhängen.

Zugleich sollte Platz einkalkuliert werden für erste Freiarbeitsmaterialien oder zu einem späteren Zeitpunkt einzuführende Arbeitstheken.

Auf einen Blick: Erste Klasse (1)

KENNENLERNEN DER SCHÜLER UND ELTERN

- Vor dem Schulstart die Kinder kennenlernen, beobachten und fördern (Beobachtungsreihen mit Beobachtungsbögen, Schnuppertage).
- Eine gute Basis für die Zusammenarbeit mit den Eltern schaffen (Infoabende, Transparenz hinsichtlich Organisation, Betreuung, pädagogischem Konzept).

SCHULINTERNE VORBEREITUNG

- Klassen in sich heterogen und zur besseren Vergleichbarkeit und Planung auf Stufenebene homogen zusammensetzen.
- Informationspaket für Schüler und Eltern zusammenstellen.
- Lehrwerk passend zu Rahmenbedingungen und eigenen Vorstellungen auswählen (wichtige Kriterien sind u. a.: Klassenzusammensetzung, Leistungsniveau, Schulvorgaben, Praktikabilität).

DER KLASSENRAUM

- Klassenraum als angenehme Lernumgebung gestalten, die Strukturen und Raum für weitere Entwicklungen beinhaltet.
- Sitzordnung mit Gruppentischen bietet sich an.
- Aus dem Kindergarten bekannte Strukturen erleichtern das Sich-Einfinden in den Schulalltag.

LITERATUR

Bairlein, S.: Schulanfang. Hilfen für Lehrer: Materialien und Anregungen. Donauwörth [8]2010

Sahlmann, K.: Eine 1. Klasse managen: Ein Leitfaden für Einsteiger. Buxtehude [4]2009

Scheller, H. (Hrsg.): Schulanfang! Leitfaden für Vorbereitung, Einschulung, Unterricht und Elternarbeit. Praxis Pädagogik. Braunschweig 2005

Regeln und Rituale für die Kleinen

Die Übernahme einer ersten Schulklasse (Teil 2)

VON CARSTA COENEN

Wesentliche Voraussetzung für ein harmonisches Zusammenleben und -arbeiten in einer Klassengemeinschaft sind die Regeln und Rituale, die dem Schultag Strukturen verleihen.

Zwischen all den neuen Regeln brauchen sie auch mal eine Unterbrechung: Pausen zwischen den Lernphasen zum Rennen und Lautsein sollten nicht vergessen werden.

In einem geordneten und überschaubaren Rahmen entwickeln sich grundlegende soziale Kompetenzen und geregelte Unterrichtsabläufe. Der zunächst enge Rahmen wird sich kontinuierlich erweitern und den Schülerinnen und Schülern im Laufe der Grundschulzeit immer mehr Freiraum zur individuellen Entwicklung geben.

TAGESABLAUF

Der Start in den Tag sollte mit einem typischen Ritual beginnen, z. B. einem gemeinsamen Lied. Im Anschluss daran kann mit den Kindern der Tagesplan für den Schultag besprochen werden.

Dafür sollten Tagesplanschilder angefertigt werden, die Symbole für die einzelnen Fächer darstellen (Würfel, Stift, Pinsel, Turnschuh, Pause etc.) und später um weitere Symbole, auch für Arbeitsformen, erweitert werden

können. Diese mit Magneten versehenen Schilder haben an der Tafel oder der Seitentafel ihren festen Platz. Zusätzlich kann mit einem Magneten die gerade aktuelle Stunde gekennzeichnet werden, so lernen die Schülerinnen und Schüler zunehmend, das Tagesraster eines Schultages einzuschätzen. Hilfreich für die Kinder ist auch, bestimmte Uhrzeiten mit einem farbigen Punkt auf der Uhr im Klassenzimmer zu kennzeichnen (oder mit Klebestreifen, die für jede Stunde neu positioniert werden können). „Wir arbeiten bis zum Punkt" ist für die Kinder eine gute Möglichkeit, auch ohne Kenntnis der Uhr Zeitfenster einzuschätzen und zu beachten.

Am Ende eines Schultages sollte ebenfalls alles seinen geordneten Gang gehen. In jedem Fall ist genug Zeit für das Notieren der Hausaufgaben einzukalkulieren. Es empfiehlt sich, schon im Vorfeld bestimmte Kürzel festzulegen und

diese auch den Eltern bei Schulstart mitzuteilen.

Wenn die Schüler ein Gefühl für den Begriff „Schulwoche" entwickeln, kann auch eine zunächst mündliche Wochenvorschau sowie am Freitag ein Wochenrückblick im Klassengespräch hinzukommen.

ORIENTIERUNG IN SCHULE UND KLASSENRAUM

Kommen die Erstklässler in die Schule, müssen sie sich in einem großen, neuen System zurechtfinden. Zu Beginn der ersten Schulwochen sollte viel Zeit für die Orientierung in der neuen Umgebung eingeplant werden und frühzeitig, möglichst in Kleingruppen, ein gemeinsamer Gang durch die Schule erfolgen. Nicht alle Räumlichkeiten und Personen sind anfangs relevant, aber der Pausenhof, der Weg zum Klassenzimmer, die Schultoiletten sowie Hausmeister und Sekretärin sollten den Kindern bekannt sein. Eine Einführung in Besonderheiten der Sportstätten erfolgt ggf. durch den Fachlehrer, auch hier muss je nach den Gegebenheiten entsprechend Zeit eingeplant werden.

Besonders wichtig ist, dass die Schüler sich in ihrem Klassenraum orientieren und ihn so zu „ihrem" Lebensraum machen können, in dem sie sich wohlfühlen und sicher agieren. Die zentralen Fragen sind: Wo ist mein Platz? Wer sitzt neben/vor/hinter mir? Wo sind meine Ablagemöglichkeiten? Wo finde ich welche Arbeitsmittel?

Gerade Letzteres beinhaltet auch, die Kinder mit dem Inhalt ihrer Tornister vertraut zu machen. Welches Buch brauche ich gerade? In welche Mappe kommt das Arbeitsblatt? Wie hefte ich ein Arbeitsblatt ein? Welche Stifte habe ich und brauche ich?

Zum Teil werden diese Dinge nebenbei während der Anwendung gelernt. Zu Beginn sollten sie auch in spielerischer Form immer wieder trainiert werden, um den Zeitaufwand hierfür zu minimieren und „reine" Lernzeit zu gewinnen.

RITUALE, REGELN, GRUPPENBILDUNG

Immer wiederkehrende Elemente im Tagesablauf geben den Schülern Sicherheit und sind daher besonders bedeutsam. Ein gemeinsamer Einstieg in den Tag und ein transparenter Tagesplan gehören dazu. Auch sollten nach intensiven Arbeitsphasen Entspannungsübungen oder kleine Spiele eingestreut werden. Häufige Wiederholungen einer Übung, eines Spiels oder eines Liedes fördern die Sicherheit und Vertrautheit. Gerade anfangs sind Kennenlernspiele wichtig. Auch den einzelnen Unterrichtsstunden sollte eine Ritualisierung zu Grunde liegen: ähnliche Arbeitsaufträge, geordneter Arbeitsbeginn sowie frühzeitige Ankündigung von Aufräumphasen (z. B. mit Musik).

Nicht nur der Kontakt der Kinder untereinander, auch die Interaktion mit dem Lehrer ist zu regeln. Das beginnt kleinschrittig,

mit dem „Melden", einer Begrenzung der Kinderzahl am Lehrerpult (bzw. einem separaten Hilfe-Tisch) oder mit Hilfekarten auf den Tischen (grün = ich komme klar; rot = ich brauche Hilfe).

Gemeinsame Regeln sind wichtig für einen geordneten Tagesablauf. Anfangs „reichen" jedoch fünf Grundregeln aus, die auch in Bildform leicht im Klassenzimmer dargestellt werden können (leise arbeiten, melden, zuhören, nicht streiten, Ordnung halten). Diese Regeln sollten aus dem Unterricht erwachsen, anfangs immer wieder besprochen werden und möglichst auch als kleine Impulskarten vorhanden sein.

ELTERNARBEIT

Den Eltern sollte am ersten Schultag neben dem Stundenplan eine Information hinsichtlich wichtiger Eckdaten gegeben werden. Dazu gehören z. B. die Symbole der Hausaufgaben, das Verhalten bei Krankmeldungen, Modalitäten der Kakaobestellung, schulspezifische Besonderheiten etc. Möglichst frühzeitig findet die erste Klassenpflegschaftssitzung statt, um über Unterrichtsvorhaben und -gestaltung zu informieren, Fragen der Eltern aufzugreifen, Formen der Elternmitarbeit darzustellen, Elternvertreter zu wählen und gemeinsame Aktionen zu planen.

UNTERRICHTSORGANISATION

Günstig ist es, wenn in den ersten ein bis zwei Schulwochen die Kinder sowohl in der Gesamtgruppe, aber auch stundenweise in Kleingruppen Unterricht haben. Innerhalb einer Kleingruppe fällt das Kennenlernen von Mitschülern, Räumlichkeiten und Regeln leichter, Abläufe können intensiver gefestigt werden, und es bleibt mehr Zeit für die individuelle Betreuung jedes Kindes. Darum sollte auch der (Neben-)Fachunterricht zugunsten eines überwiegenden Unterrichtens durch die Klassenlehrkraft erst nach einer Orientierungsphase erfolgen.

Bei der Vorbereitung auf den Unterricht gilt zunächst „we-

niger ist mehr". Zu vielen Lehrwerken gibt es vielfältiges Material für Freiarbeit. Dieses kann nach und nach, möglichst in kleinen Gruppen, ergänzend eingeführt werden, je nachdem, wie der Leistungsstand einzelner Kinder dies erfordert. Da sich sicher schon nach kurzer Zeit Leistungsunterschiede abzeichnen, können diese bei der Bildung von Fördergruppen berücksichtigt werden, um geeignetes Material auf zwei oder mehr verschiedenen Anforderungsniveaus einzuführen und Lernmotivation zu schaffen bzw. zu erhalten. Hieraus ergeben sich zugleich Möglichkeiten, eine Theke/Kiste mit Zusatzmaterialien für zügig arbeitende Kinder für den Unterricht im Klassenverband bereit zu stellen und/ oder Hilfen für Kinder mit speziellen Förderbedarfen anzubieten. Weiterführend können erste einfache Unterscheidungen von z. B. Arbeitsblättern vorgenommen werden und Schwierigkeitsgrade durch Symbole wie Maus (leicht) und Elefant (schwer) vornehmen. Dies fördert auch die Selbsteinschätzung der Kinder, allerdings ist von Anfang an auf eine wertungsfreie Atmosphäre zu achten.

Nach den grundlegenden Schritten der ersten Schulwochen sollten auch erste Formen der Partner- und Gruppenarbeit angebahnt werden (z. B. gemeinsam ein Plakat zu einem Sachthema erstellen; Bauklötze nachbauen; Malen/ freies Schreiben im Fach Deutsch). Weitere Arbeitsformen wie Stationsbetrieb und Werkstatt bieten sich an, wenn ein bestimmtes Kontingent an Buchstaben wiederholt werden soll, z. B. vor oder direkt nach den Herbstferien. Hierbei geht es zunächst ebenfalls primär um die Form: einfache sich wiederholende Aufgabenformate und eine ganz einfache Laufkarte mit Symbolen und Nummern (z. B. fünf Aufgaben zum Schreiben, fünf Aufgaben zum Lesen; fünf Aufgaben zum Malen). Auf das dadurch entstehende Grundverständnis zum Ablauf einer solchen Unterrichtsform kann beispielsweise zur Weihnachtszeit mit einer inhaltlich vielfältigeren Werkstatt aufgebaut werden. ■

Auf einen Blick: Erste Klasse (2)

RAHMENBEDINGUNGEN

- Kennenlernen der Mitschüler, des Klassenraums, des Tornisterinhalts, usw. fordern viel Zeit. Aber diese zu investieren, macht später vieles leichter.

TAGESABLAUF

- Rituale zu Tagesbeginn und im Tagesverlauf geben Sicherheit.
- Symbole helfen, das Tagesraster eines Schultages kennenzulernen.

ORIENTIERUNG IN SCHULE UND KLASSENRAUM

- Die Kinder sollen die Schule und ihren Klassenraum zu „ihrem" Lebensraum machen können.

RITUALE UND REGELN

Anfangs reichen fünf Grundregeln aus:
- leise arbeiten, sich melden, zuhören, nicht streiten, Ordnung halten.
- Regeln sollen aus dem Unterricht erwachsen und immer wieder besprochen werden.
- Nach intensiven Arbeitsphasen ist es sinnvoll, Entspannungsübungen oder kleine Spiele einzustreuen.

ELTERNARBEIT

- Möglichst frühzeitige Information der Eltern über Regeln, schulspezifische Besonderheiten und Möglichkeiten der Mitarbeit und Unterrichtsgestaltung.

UNTERRICHTSORGANISATION

- Überwiegendes Unterrichten durch Klassenlehrkraft, (Neben-)Fachunterricht möglichst erst nach Orientierungsphase.
- Kleingruppen erleichtern die Einführung von differenzierenden Materialien.
- Material zur Freiarbeit, Partner- und Gruppenarbeiten nach und nach einführen.

LITERATUR

Feldman, J.: 155 Rituale und Phasenübergänge für einen strukturierten Grundschulalltag. Mühlheim a. d. Ruhr 2009

Lange-Wandling, A./Herzig, S./Höveler, N.: 111 Ideen für das 1. Schuljahr: Vom ersten Schultag bis zum letzten Buchstabenfest. Mühlheim a. d. Ruhr 2008

Langer, A. (Hrsg): Basispaket 1./2. Schuljahr: Ich übernehme eine erste (1) Klasse: Praktische Hilfen für einen guten Schulanfang. München 2002

Treu, S./Kirschner, J.: Orientierung ohne Worte: Bildkarten für Stundenplan und Tagesablauf. Mühlheim a. d. Ruhr 2005

Zum ersten Mal eine erste Klasse

Hilfen und Tipps zur Gestaltung der ersten Schulwochen

VON MAREN SAAM

Ein halbes Jahr nach dem Ende meines Referendariats und somit zum Eintritt in den Schuldienst bekam ich meine erste eigene Klasse. Ich hatte mir gewünscht, ein erstes Schuljahr zu übernehmen, hatte aber viele Bedenken und Ängste, ob ich auch alles richtig mache. Mit diesem Artikel möchte ich Berufsanfängern Mut machen und Hilfen und Tipps für einen gelungenen Start geben.

Obwohl ich in meiner Jahrgangsstufe noch drei Parallelklassen hatte, stand ich vor dem Start mit meiner ersten Klasse ziemlich allein. Meine Kolleginnen wollten alle nach einem traditionellen Fibelkonzept arbeiten. Dies entsprach aber nicht meiner Vorstellung. Ich wollte mit einer Anlauttabelle arbeiten, parallel dazu aber auch alle Buchstaben einzeln akustisch, visuell und schreibmotorisch einführen. Ich wollte nicht mit starren Fibeltexten arbeiten, sondern selber klassen- und situationsbezogene Lesetexte verfassen. Ebenso waren mir offene Unterrichtsformen wie freie Arbeit, Stationsläufe und Werkstattunterricht wichtig.

So hatte ich, bezogen auf mein Lese- und Schreibkonzept, sowie auf mein allgemeines Unterrichtskonzept zwar eine genaue Vorstellung, doch immer wieder beschäftigten mich Fragen, ob das auch alles klappen würde, ob die Kinder lesen und schreiben lernen würden usw. Und noch mehr beschäftigten mich Fragen in Bezug auf die ersten Schulwochen. Was musste ich den Kindern in dieser Anfangsphase alles vermitteln? Wie mache ich aus so einem zusammengewürfelten Haufen eine Klassengemeinschaft?

VORBEREITUNGEN VOR DER EINSCHULUNG

Meine Sommerferien verbrachte ich zu einem großen Teil damit, den Start mit meiner Klasse vorzubereiten. Mit jedem Schritt, den ich plante, bekam ich mehr Sicherheit, auf dem richtigen Weg zu sein.

Brief an die Kinder

Vor Beginn der Sommerferien bekamen die Kinder von mir einen Brief, mit einer Materialliste für das erste Schuljahr, einem Kalender, auf dem die Kinder 18 Tage vor Schulbeginn jeden Tag ein Bild anmalen konnten, und eine gebastelte Schultüte zum Umhängen für den Tag der Einschulung mit dem Bild unseres Klassentieres, einem Drachen. Das Bild unseres Klassentieres hing am ersten Schultag an unserer Klassentür, sodass die Kinder ihren Klassenraum ohne Problem finden konnten.

Das Klassentier hatten wir auch als Handpuppe, die gerade in den ersten Schulwochen immer wieder zum Einsatz kam. Sie musste trösten, wurde Spielkamerad, Helfer, aber auch Brieffreund zur Förderung des freien Schreibens.

Gestaltung des Klassenraums

Ich wollte den Klassenraum schon zur Begrüßung der Kinder nett und freundlich gestaltet haben. So besorgte ich für jedes Kind ein Körbchen für verschiedene Materialien, hängte DIN A4 große laminierte Anlautbilder zu unserer Anlauttabelle und Zahlenbilder für den Zahlenraum bis 20 auf. Aus Pappe bastelte ich einen Helferplan für die Klassendienste und einen Plan für die Getränkebestellungen. Ebenso fertigte ich Namensklammern für diese Pläne an, sodass wir immer schnell ablesen konnten, welche Kinder Dienst hatten bzw. wer ein Getränk bestellt hatte. Diese Dinge trugen schon dazu bei, dass der Klassenraum nicht mehr so kahl aussah. Ebenso stellte ich einige Blumen auf die Fensterbank.

DER ERSTE SCHULTAG

Nach einem ökumenischen Gottesdienst und einer allgemeinen Einschulungsfeier in der Aula der Schule betraten die Kinder zum ersten Mal ihre Klassen. Wir hatten eine Schulstunde Zeit, uns ein bisschen kennen zu lernen. Ich hatte mir vorgenommen, in dieser Stunde schon einige mir wichtige und immer wiederkehrende Rituale einzuführen.

Der Sitzkreis

So setzte ich mich mit den Kindern, nachdem jeder seine Schultasche an einem selbst gewählten Platz abgestellt hatte, in einem Sitzkreis zusammen. Der Sitzkreis sollte zu unserem allmorgendlichen Anfangsritual werden. Wir fassten uns bei den Händen und begrüßten uns. Ich hatte vor dem Eintreffen der Kinder schon für jedes Kind ein Namensschild in die Mitte gestellt. Nun forderte ich die Kinder auf, sich ihre Namensschilder zu holen. Danach stellten sich die Kinder mit Namen vor. So konnte ich sehen, ob die Kinder sich das richtige Schild genommen, also ihren Namen richtig „gelesen" hatten. Ein Namensschild blieb übrig – „Poldi". Ich stellte den Kindern unser Klassentier vor. Danach setzten sich die Kinder auf ihre Plätze. An die Fenster hatte ich eine Kinderkette, in der Anzahl der Kinder der Klasse, geklebt. Allerdings hatten die einzelnen Kinderfiguren keinen Kopf. Die Kinder errieten schnell, dass sie das sein sollten und ihren Kopf malen sollten. So teilte ich kleine Pappscheiben aus, auf denen die Kinder ihre Köpfe malten. Diese klebte ich nach Schulschluss auf die

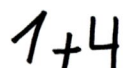

Symbole für den Tagesplan

Kinderfiguren. So hatten wir ohne großen Aufwand zu Beginn unserer Schulzeit schon eine nette Fensterdekoration.

Der Briefkasten

Nachdem die Köpfe fertig gemalt waren, teilte ich den Kindern ihren „Briefkasten" aus. In Klarsichthüllen hatte ich für jedes Kind eine gelbe Pappe mit der Aufschrift „Post" gesteckt. Diese Klarsichthülle diente ab sofort für den Transport von Elternbriefen u. Ä. Den „Briefkasten" habe ich auf dem ersten Elternabend auch den Eltern vorgestellt und diese gebeten, regelmäßig den „Briefkasten" zu kontrollieren, falls die Kinder vergessen, die Briefe abzugeben. In den Briefkasten legten die Kinder dann den ersten Elternbrief. Dies war die zweite feste Einrichtung, die uns die nächsten Schuljahre begleiten sollte.

Die erste Hausaufgabe

Wenn Kinder in die Schule kommen, dann brennen sie darauf, Hausaufgaben zu bekommen. So teilte ich den Kindern ein kleines Heft „Mein Buch zum Schulanfang" aus (siehe S. 14–19). In diesem Buch konnten die Kinder mithilfe ihrer Eltern Einiges über die Schule lesen. Außerdem sahen wir uns die erste Hausaufgabe an. Die Kinder sollten sich selber malen und auf einem Geburtstagskranz ihrem Alter entsprechend viele Kerzen anmalen. Hierbei führte ich ein weiteres Ritual ein. Die Kinder sollten an die entsprechende Seite im Begrüßungsbuch ein „Häuschen" malen, welches ich an der Tafel vormalte. Dieses Symbol galt ab sofort als Zeichen für Hausaufgaben. Zusätzlich zu den Vorlagen von S. 14–19 erhielten die Kinder das Lied „Alle Kinder lernen lesen", das die Kinder in den ersten Wochen begleitete.

Abschlussritual

Nun war unsere erste gemeinsame Schulstunde schon zu Ende. Ich ließ die Kinder alles einpacken, die Stühle hochstellen, und wir stellten uns noch einmal in einen großen Kreis, fassten uns bei den Händen und ich sprach den Kindern unseren täglichen Abschiedsspruch vor:
Es rasen die Minuten, jetzt müssen wir uns sputen, doch halt, bevor wir auseinander gehen, sagen (flüstern, rufen, singen, ...) wir: „Auf Wiedersehen".

DER ZWEITE SCHULTAG

So habe ich am ersten Schultag bereits die Rahmenrituale eingeführt, die für die nächsten gemeinsamen Schuljahre gelten sollten. Weitere kamen hinzu.

Erzählkreis

Den zweiten Schultag begannen wir wieder mit einem Sitzkreis und Anfassen zur gemeinsamen Begrüßung. Dann führte ich den Erzählkreis ein, mit dem wir von nun an jeden Morgen beginnen wollten. Ich zeigte den Kindern unseren Erzählball. Ich erklärte, dass immer nur das Kind reden darf, das den Ball hat. Hat ein Kind zu Ende erzählt, gibt es den Ball an ein anderes Kind weiter. Hierbei galt die Regel, dass Jungen an ein Mädchen und umgekehrt weitergeben müssen. Dieses gilt auch für Meldeketten u. Ä. und war für die Kinder schnell eine Selbstverständlichkeit. Bereits nach wenigen Tagen hatte sich das Anfangsritual des Erzählkreises so bei den Kindern gefestigt, dass sie sich morgens ohne Aufforderung, direkt nach dem Abstellen der Schultasche an ihrem Platz, in den Erzählkreis setzten. Ein Kind holte auch immer schon den Erzählball von der Fensterbank. Ebenso selbstverständlich wurde auch unser Abschlusskreis am Ende jeden Schultages.

Tagesplan

Im weiteren Verlauf wurden die Kinder mit dem Tagesplan vertraut gemacht. Mit verschiedenen Symbolschildern hatte ich einen Tagesplan an die Tafel geheftet. So können die Kinder beim Betreten der Klasse schon erkennen, was an diesem Tag auf dem Programm steht. Dies ist für die Kinder ein wichtiger Orientierungspunkt und gab dem Schulmorgen eine feste Struktur und den Kindern einen gewissen Halt. Im Laufe des Schuljahres führten die Kinder von sich aus ein, dass die Symbolkärtchen von den Unterrichtsabschnitten, die wir bereits erledigt hatten, zur Seite geschoben wurden.

DRITTER BIS FÜNFTER SCHULTAG

In den restlichen Tagen der ersten Schulwoche waren dann das Zurechtfinden im Klassenraum, im Schulgebäude und auf dem Schulhof zentrale Themen. Darüber hinaus ging es um die Namen der Kinder – sowohl um den eigenen als auch die Namen der anderen Kinder. Je schneller die Kinder sich untereinander mit Namen ansprechen können, desto vertrauter wird die Atmosphäre in der Klasse und unter den Kindern. Außerdem war es keine Selbstverständlichkeit, dass die Kinder ihren Namen „lesen" bzw. schreiben konnten. Zur Erleichterung des Schulalltags ist dies aber eine wichtige Voraussetzung, denn wenn ich ein Arbeitsblatt o. Ä. einsammeln will, ist es sehr mühsam und zeitaufwändig, wenn ich alle Namen auf die Blätter schreiben muss. Also übten wir mithilfe verschiedener Arbeitsblätter immer wieder, unseren Namen zu „lesen" und zu schreiben. Hierfür bekamen sie z. B. Blätter mit allen Namen der Klasse, aus denen sie ihren Namen heraussuchen sollten.

In der zweiten Schulwoche begann ich mit meinem Lese- und Schreibkonzept und führte den ersten Buchstaben ein. Hierzu machten wir vielfältige akustische, visuelle und schreibmotorische Übungen. Diese Übungen wiederholten sich später bei der Einführung der anderen Buchstaben. Am Freitag der zweiten Schulwoche führte ich die Anlauttabelle ein. So wurden bereits in den ersten beiden Schulwochen wichtige Grundsteine für eine erfolgreiche Weiterarbeit im ersten Schuljahr gelegt. Es hatten sich in diesem kurzen Zeitraum bereits viele neue Freundschafte gebildet, viele Rituale wurden zur Selbstverständlichkeit und gaben den Kindern Sicherheit und Rückhalt in ihrer neuen Umgebung. Alle meine anfänglichen Bedenken waren weg. Die Arbeit mit den Kindern, deren Fortschritte, aber auch deren individuellen Probleme zeichneten unseren weiteren Weg automatisch vor. Im Rückblick auf dieses Schuljahr kann ich allen „Neuanfängern" nur empfehlen, den Sprung ins kalte Wasser zu wagen und eine erste Klasse zu übernehmen. ■

Wir treffen uns im Kreis

Wir machen Sport

LITERATUR

Marpe, U./Teller, B.: Bausteine zum Schulanfang. In: Praxis Grundschule, Heft 1/2000, S. 4–11

Mein Buch zum Schulanfang

Name: _____

ILLUSTRATIONEN: CORINNA PELCH

Hallo!

 - lich willkommen in unserer

sagen dir die

und alle

Wir haben dieses  für dich

damit du dich in der  zurechtfindest

und weißt, was dich erwartet.

Du darfst alle Bilder ausmalen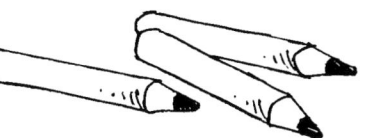

Bitte Papa, Mama, Oma oder Opa

dir das  vorzulesen.

ILLUSTRATIONEN: CORINNA PELCH

Du besuchst die Klasse: _____

Deine Lehrerin heißt: _____

Auf der Klassentür
siehst du
dieses Bild:

Hier siehst du, was ihr in eurer Klasse
alles machen könnt.
Manchmal muss es in eurer Klasse
ganz  still sein.

westermann

ILLUSTRATIONEN: CORINNA PELCH

Wer arbeitet, muss auch ausruhen

Um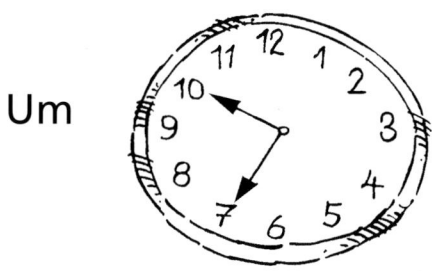

beginnt die große Pause mit
dem gemeinsamen Frühstück
in der Klasse.
Damit du nicht verdurstest,
kannst du immer für eine Woche Kakao,
Vanillemilch, Erdbeermilch
oder Apfelsaft bestellen.

Um

beginnt die Spielpause auf dem Schulhof.

Du kannst:

Jetzt bist du an der Reihe

Hier kannst du dich selber malen.

Wie alt bist du? Male so viele Kerzen an.

Vielleicht möchtest du dein Lieblingsspielzeug
oder dein Kuscheltier den anderen Kindern vorstellen.

Male dein Lieblingsspielzeug oder dein Kuscheltier.

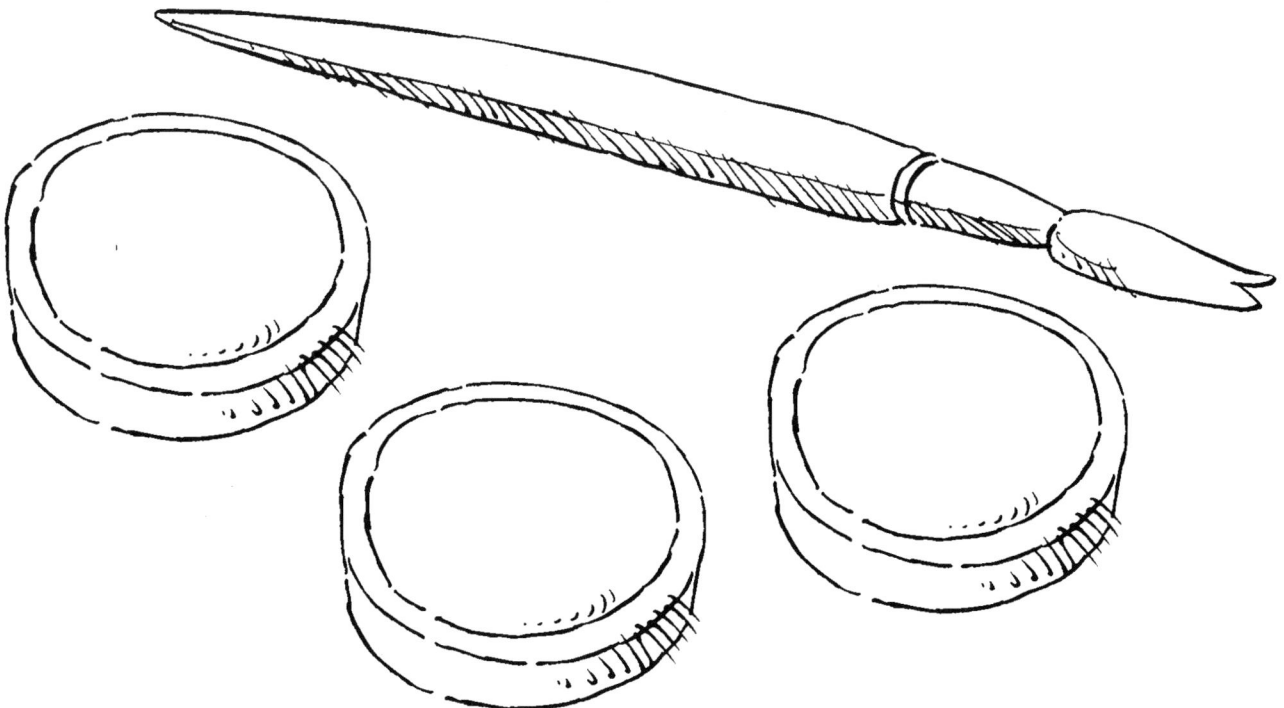

In diese drei Farbtöpfe darfst du deine Lieblingsfarben malen.

ILLUSTRATIONEN: CORINNA PELCH

Bilder „lesen"

Sprachförderung mit einem Wimmelbuch

VON BARBARA SENGELHOFF

Wimmelbücher regen Kinder zum Entdecken und Erzählen an. Im Gespräch über die Bilder und Geschichten erweitern und differenzieren die Kinder ihren Wortschatz.

Kinder kleiden ihre Gedanken ganz individuell in ihre eigene Sprache ein. Sie machen sich auf diesen Weg schon mit ihrem ersten Blick in die Welt: Das Neugeborene „erliest" seine neue Welt – es liest im Gesicht der Mutter. „Die Sprache ist die Kleidung der Gedanken" (Samuel Johnson, brit. Schriftsteller, 1709–1784).

Bereits im Alter von ca. 6 Monaten „beginnt das ‚Lesenlernen' durch Wiedererkennen, Zeigen und Wiederholungen. Denn zu allererst nehmen die Babys Bilder wahr, dann werden aus Bildern Worte, später aus Worten Geschichten" (Bardola u. a. 2009, S. 9).

Kinder „lesen" Bilder, sie formen zu den Bildern Gedanken und „verkleiden" diese in ihre ersten Worte. In Bilderbüchern zeigen sie immer wieder auf das gleiche Bild, fordern immer wieder das gleiche Wort, als Antwort auf ihre „Frage", die oft nur durch das Zeigen mit dem Finger zu erkennen ist. Kinder fordern die Erklärung des Bildes und erwarten zugleich die Deutung unbekannter Begriffe – sie wollen im Dialog kommunizierend die Welt begreifen und verstehen. So auch eine „gemischte" Gruppe aus fünf Kindern im Alter zwischen 15 Monaten und 5 Jahren. Die Kinder sitzen auf dem Boden, in ihrer Mitte liegt das Nacht-Wimmelbuch von Rotraut Susanne Berner.

Nicolas (15 Monate) zeigt immer wieder auf den Bagger: „da da", „grrrr".

Lenn (19 Monate) zeigt auf die Uhr am Bahnhof, läuft dann in die Küche, zeigt auf die Küchenuhr an der Wand und fragt ganz aufgeregt: „ti ta"?!

Jule (2 Jahre) sucht den Fahrradfahrer auf der vorherigen Seite. Dann beschreibt sie die Zusammenhänge: „Da, Mann Fahrrad saust!"

Lotta (4 Jahre) verknüpft ein Bild mit ihren Erfahrungen und berichtet, dass sie noch nie ein Eichhörnchen im Sandkasten gesehen hat und Jannis (5 Jahre) erklärt, dass der Bagger ein Taschenbagger ist, mit dem auch ganz schmale Gräben ausgehoben werden können: „Der ist so klein, dass er fast in eine Tasche passt!"

WIMMELBÜCHER IM UNTERRICHT

Wimmelbücher bieten mit ihren Bildern und Details viele Möglichkeiten, Neues zu entdecken und Gedanken mit einem „Sprachkleid" zu charakterisieren. Kinder entdecken dabei oft mehr als Erwachsene. Sie erfinden leicht auch eigene Geschichten zu den Bildern.

Die Wimmelbücher von Rotraut Susanne Berner zeichnen sich besonders dadurch aus, dass sie dem Kind Zeit lassen, zu verweilen, sich zu erinnern, zurückzublättern und vorauszuschauen. Die Geschichten haben immer einen „roter Faden", der vor- und zurückverfolgt werden kann: Was war? Was wird geschehen?

Der „Schatz" in diesen Büchern kann nicht nur für Kindergartenkinder genutzt werden. Er lädt ein, den Spracherwerb von Grundschulkindern zu fördern und zu fordern. Dieser Lernweg berührt dabei alle Stufen des Spracherwerbs vom ersten Sprachverstehen bis zur Automatisierung, von der anfänglichen 1:1 Bild-Wort-Zuordnung über die ersten Satzmuster und besondere Frageformen bis hin zum Erkennen des Erzählstranges. Jedes Kind findet hier seinen Ausgangspunkt und erhält die an seine jeweilige Kompetenzentwicklung gekoppelte Lernbegleitung.

EIN UNTERRICHTSPROJEKT ZUR SPRACHFÖRDERUNG

Das Nacht-Wimmelbuch von Berner beleuchtet ein besonders klug gewähltes Thema: Die Nacht. Sie berührt mit ihren Besonderheiten jedes Kind: Erlebnisse, Ängste, Gefühle und Beobachtungen bilden einen emotionalen Kontext für die gemeinsamen Gespräche. Auch sachliche Inhalte wie zum Beispiel die Tiere der Nacht regen an, aus dem sprachlosen Nichts (Erzähl mal eine Geschichte …) ein Etwas zu machen!

In dem Unterrichtsprojekt „Eine Nacht in Wimmlingen" werden fördernde und herausfordernde Anregungen zum Spracherwerb gegeben. Nur die Sprache ermöglicht eine aktive Teilnahme an der Welt. Der Sprachgebrauch erfordert Sprachbewusstheit, Einblick in den konventionellen „Zusammenhang zwischen Sache und Sprache. Peter Bichsel hat dieses Phänomen literarisch verarbeitet: Ein Tisch ist ein Tisch … Zum Baum sagt man Baum" (Conrady/Sengelhoff 2007, S. 27). Was gleichwohl oder trotzdem erkannt werden muss: Die Sache ist das Eine (Inhaltsbezug). Das Wort ist das Andere (Formbezug). Und in dem Wort wird die Bedeutung dieser Sache bewahrt.

Dieses Projekt soll und kann alle Kinder – egal wie der Stand der sprachlichen Entwicklung ist – anregen, miteinander Bilder zu lesen, Geschichten zu entdecken, Fragen zu erproben, Wortarten auszuprobieren, Akkusativ und Dativ zu nutzen, flektierte Adjektive in vorgegebenen Satzstrukturen zu verwenden oder von den eigenen Erlebnissen in der Nacht, den Ängsten usw. zu erzählen. Dabei kommunizieren die Kinder miteinander, erweitern und differenzieren ihren Wortschatz.

Bei diesem Projekt, das sowohl in Form von Werkstatt- oder Stationenarbeit als auch in Kleingruppen- und Plenumsform durchgeführt werden kann, gibt es verschiedene Ansätze für die Sprachförderung.

Gezielte Fragestellungen

Über gezielte Fragestellungen zu dem Nacht-Wimmelbuch werden die Schülerinnen und Schüler zum Erzählen angeregt. Einige Beispiele finden Sie auf S. 22, **M 7**. In Kleingruppen können die Fragen entsprechend der individuellen Fä-

Weitere Ideen für die Sprachförderung mit Wimmelbüchern

- eine Wanderung über einzelne Bilder mit Hilfe einer Guckloch-Karte
- bestimmte Personen, Tiere oder Gegenstände suchen: „Wo ist der Mann, der ... macht?"
- eine Person oder einer Personengruppe beschreiben
- eine Geschichte zu einer Person/einem Tier schreiben: „Es war einmal eine Frau, ..."
- Personenrätsel: ein Kind beschreibt eine Figur, ein anderes sucht diese Figur (siehe **M 8**)
- zu einem Bildausschnitt aus der Mitte des Buches erzählen: „Was könnte vorher gewesen sein?" – „Was wird geschehen?"
- zu einem kleinen Bildausschnitt einer Doppelseite eine Geschichte schreiben
- Gegenstände beschreiben und so den Wortschatz erweitern
- über eigene Erlebnisse zu dem Thema berichten
- Bilddiktate zu Bildern aus dem Buch: „Ich schreibe auf, was du mir sagst."
- Auf einer Reise durch das Buch den „roten Faden" entdecken (siehe **M 8**)
- Wortschatzerweiterung: Bildern Nomen zuordnen bzw. zu Nomen ein Bild zeichnen, Adjektive zu Gefühlen und Stimmungen sammeln
- Satzmuster übernehmen: Manchmal bin ich glücklich, weil ... / Manchmal bin ich traurig, weil ... (Satzwiederholungen mit veränderten Adjektiven)
- Kooperativ und dialogisch lernen (Partnerarbeit): Fragen an die Bilder stellen und beantworten (siehe **M 8**), gegenseitig Geschichten zu den Bildern erzählen, von eigenen Erfahrungen (Angst in der Nacht) berichten, szenisch umsetzen: Gesichter auf den Fingerkuppen sprechen miteinander
- Zuordnung von Tätigkeiten zu Bildern (Antwortauswahl anbieten, z. B.: Was stimmt? / Was stimmt nicht? Siehe **M 7**)
- Übertragung auf eigenes Erleben: sich in eine der Figuren verwandeln und darüber berichten
- Sachwissen erweitern, z. B.: Welche der Tiere schlafen nachts?

ÜBERBLICK

Klassenstufe: 1–4

Zu diesem Beitrag gehören folgende Materialien:

M 7–8: Arbeitskarten für das Nacht-Wimmelbuch

angelegt werden. Auf einer Seite zeichnen die Kinder zu einem Begriff aus dem Buch ein Bild (zum Beispiel eine Laterne), auf die andere Seite schreiben sie das Wort („die Laterne"). So entstehen Bild-Wort-Karten, die bei der Bearbeitung von anderen Aufgaben genutzt werden können.

Auch zweisprachige Nomen-Wörterlisten zum Buch können von Kindern mit Deutsch als Zweitsprache erstellt werden: Auf einer Seite der Liste steht der deutsche Begriff, auf der anderen Seite steht der Begriff in der Muttersprache (siehe **M 8**).

Kooperative Spiele

Bei kooperativen Spielen, wie „Ich sehe was, was du auch siehst ..." (zum Beispiel „eine Frau die ganz glücklich ist") beginnen die Kinder zu diskutieren, sie kommen ins Gespräch, reflektieren und wägen ihre Aussagen ab (Warum ist die Frau glücklich? Woran erkennt man das?)

Begriffe erklären und Handlungen beschreiben

Begriffserklärungen sowie sachliche Handlungsbeschreibungen (zum Beispiel zu den Fragen: „Welche Menschen müssen nachts arbeiten?" – „Was geschieht am Ticketschalter?" – „Was bedeuten die Zeichen auf der Fahrtanzeige?") werden zum Zeichen eines sprachsensiblen Unterrichts, d. h. eines Unterrichts auf sprachreflektierender und sprachbetrachtender Grundlage. ●

higkeiten der Kinder gemeinsam beantwortet werden.

Es gibt auch Fragestellungen, die sich auf das ganze Buch beziehen und evtl. mit der ganzen Lerngruppe besprochen werden können:
- Warum ist die Polizei unterwegs?
- Woran erkennst du, dass es Nacht ist?
- Die Nacht in Wimmlingen: Wo ist es hell? Wo ist es dunkel?
- Die Geräusche in der Nacht. Wo ist es leise? Wo ist es laut?
- Welche Jahreszeit ist in Wimmlingen? Woran erkennst du das?

- Suche ein Tier, das in der Nacht nicht schläft. Was weißt du über das Tier?

Auch über emotionale Fragen können die Kinder zum Erzählen angeregt werden:
- Hast du Angst in der Nacht? Wann hast du Angst? Warum?
- Wo würdest du in der Nacht in Wimmlingen gerne sein? Warum dort?

Bild- und Wortkarten

Passend zu dem Buch können individuell gestaltete Bild- und Wortarchive in Form von Karteikarten

LITERATUR

Bardola, Nicole/Hauck, Stefan/ Jandrlic, Mladen/Wengeler, Susanna: Mit Bilderbüchern wächst man besser. Stuttgart 2009

Berner, Rotraut Susanne: Nacht-Wimmelbuch. Hildesheim 2008

Budde, Monika: Sprachsensibilisierung – Unterricht auf sprachreflektierender und sprachbetrachtender Grundlage. Universität Kassel 2001.

Conrady, Peter/Sengelhoff, Barbara: Regenbogen-Fibel selbst gemacht. Die Kopiervorlagen und die ABC-Übungskartei. Essen 2007

Was stimmt nicht?
Kreuze an.

Ein Dieb steht auf der Leiter. ☐ stimmt
☐ stimmt nicht

Ein Dieb klettert in ein Fenster. ☐ stimmt
☐ stimmt nicht

Der Polizist schimpft. ☐ stimmt
☐ stimmt nicht

Der Polizist schläft. ☐ stimmt
☐ stimmt nicht

Auf dem Dach sitzt keine Eule. ☐ stimmt
☐ stimmt nicht

Auf dem Dach sitzt eine Eule. ☐ stimmt
☐ stimmt nicht

Die Nacht am Bahnhof

Wer macht es?

_____ fährt auf dem Fahrrad.

_____ verfolgt den Fahrradfahrer.

_____ sitzt auf einem Haufen Erde.

_____ schleicht hinter dem Haus her.

_____ schaut über die Mauer.

_____ fährt über die Brücke.

Die Nacht im Kaufhaus

In der Nacht passt der Nachtwächter auf.

Er hat eine Taschenlampe.

Er hat auch einen Hund.

Das ist ein Wachhund.

Der Wachhund bellt.

Warum? Was hat er entdeckt?

Was meinst du,
hat der Nachtwächter Angst?

Eine Reise durch das Buch

Sucht auf dem Titelbild des Buches den Mann auf dem Fahrrad.

Schaut euch das Fahrrad genau an. Da stimmt etwas nicht!

Was stimmt nicht?

Folgt dem Mann auf dem Fahrrad.

Was passiert ihm?

Wie geht es ihm?

Erzählt euch die Geschichte.

Zeichnet auf, wie sich sein Gesicht verändert hat.

Was ist da los?

Susanne und Tom sind ein Liebespaar.

Susanne ist traurig.

Warum?

Sie hat etwas verloren.

Was hat sie verloren?

Hat sie eine Tasche verloren?

Hat sie ihren Hut verloren?

Klar, der _____ ist weg!

Wer hat ihn?

Personenrätsel

Such dir eine Person aus.

Beschreibe die Person deinem Partner.

Wie sieht deine Person aus?
Was macht die Person?
Was denkt sie wohl?
Wie geht es ihr?

Dein Partner muss raten: Wer ist es?

Eine Wörterliste zur Titelseite

Male ein passendes Bild zu dem Wort oder schreibe es in deiner Muttersprache auf.

die Nacht _____

der Mond _____

die Taschenlampe _____

die Sterne _____

die Fledermaus _____

der Igel _____

die Eule _____

das Feuerwerk _____

die Laterne _____

BARBARA SENGELHOFF

Schreiben von Anfang an, allein – aber nicht alleingelassen

Kinder wollen beim Eintritt in die Schule schreiben, und das gern richtig. Wie sie von Anfang an mit Wörtern – rechtschriftlich – umgehen können, zeigt dieser Beitrag.

Was sagen Eltern dazu, wenn sie die ersten Schriftstücke ihrer Erstklässler sehen? „1978 mussten die Buchstaben ja monatelang strammstehen, bevor sie sich zu Wörtern sammeln durften. Ich übte seitenweise … MMMMMMMMMmmmmmmmmAAAAAAAAAAaaaaaaaaaaaaa…, bis endlich das Säuglingswort ‚Mama‘ daraus werden durfte. Um mal einen Brief an Oma schreiben zu können, fehlte leider noch das O. Und Opa musste noch länger warten" (*Sussebach* 2007, S. 60).

Anders ist es heute: Die Kinder werden dort abgeholt, wo sie sich befinden: „Lesen- und Schreibenlernen beginnen nicht erst in der Schule. Alle Kinder haben bereits eine Menge Vorerfahrungen gesammelt. Die meisten Kinder sind der Schrift begegnet, haben erste Schreibversuche unternommen. Sie können Zeichen und Schilder zuordnen, Bilder lesen" (*Conrady/Sengelhoff* 2005). Vielleicht schreiben sie auch schon ihren Namen oder mehr.

Begegnung mit Schrift im Anfangsunterricht

Die Kinder werden zu Buchstabenforschern, Wörtersammlern.

Foto: Barbara Sengelhoff

Aus den Buchstaben entstehen Wörter

Sie erhalten den Auftrag, Schrift zu sammeln (siehe S. 25), d. h. aufmerksam alles abzuschreiben. Komplizierte Wörter wie Raumbezeichnungen oder Straßennamen, Buchtitel im Lesezimmer oder auch fremde Schriftzeichen über einem iranischen Lokal schreiben sie ab: rechtschriftlich! Sie erhalten Muster, entdecken, dass es sinnvoll ist, sich auf allgemeine Schreibweisen zu einigen: *Karla* bemerkt: „Fremde in der Stadt wissen ja sonst gar nicht, wo sie hinmüssen!" Sie entdecken Abkürzungen, wie das H für Haltestelle, erkennen das A der Apotheke, sammeln eifrig Automarken und Autokennzeichen. Stolz kehren sie mit ihrer Wörter- und Zeichensammlung zurück, vergleichen, entdecken gemeinsame Funde. Schrift und ihre Bedeutung werden wichtig. Kinder in jahrgangsübergreifenden Lerngruppen unterstützen sich dabei in Kleingruppen.

Auf einem großen Plakat stehen die Namen und Wörter für die gemeinsame Arbeit zur Verfügung: „Kein Trinkwasser" oder „Rathenauplatz" oder „Lesezimmer" oder „Delfinklasse" und „Pinguinklasse". Dies sind Wörter, die Erstklässlern sonst eher nicht als Schreibaufgabe „zugemutet" werden, nun aber bedeutsam sind. *Philipp* äußert: „Das macht Spaß, dass ich die Wörter richtig schreiben kann!" „Das K ist bei mir auch!" „Das S ist zweimal da!" „Die Wörter sind ja genauso: KLASSE!"

Die Entdeckung „richtiger" Wörter wird fortgesetzt: Im Schulhaus werden überall kleine Schilder ausgehängt: an der Treppe „die Treppe", am Fenster „das Fenster", am Computer „der Computer" usw. Rechtschriftlich als Muster für die Vereinbarungen der „Erwachsenenschrift" – und immer mit dem richtigen Artikel (siehe S. 26, die Wortkarten sollten noch vergrößert werden). Diese „Entde-

ckerspiele" decken Bereiche der Wortschatzarbeit ab und sind gut geeignet, Kinder mit anderer Herkunftssprache zu fördern.

Erkenntnisse über die Laut-Buchstaben-Beziehung erlangen die Kinder z. B., „wenn sie Wörter aus Lauten und Buchstaben zusammenpuzzeln (siehe S. 27): OMA besteht aus O+M+A; OPA besteht aus O+P+A. Nehmen wir noch das I dazu, wird daraus OMI oder OPI; jeden Buchstaben kann ich auch einzeln nehmen und so Neues bauen: MAMA und PAPA. Mit dem Z kann ich PIZZA schreiben – und noch viele Wörter mehr" (*Conrady/Sengelhoff* 2005, S. 32).

Jedes Kind sammelt dabei andere Wörter, manche schreiben sogar Sätze und erhalten eine rechtschriftliche Rückmeldung: die Fehlschreibungen, die den Phasen der Schreibentwicklung entsprechen (vgl. *Conrady/Sengelhoff* 2005), können von der Lehrerin oder dem Lehrer korrigiert werden, indem sie bzw. er dem Kind die Richtigschreibung zum Vergleich anbietet: Ein kleiner Klebezettel, z. B. mit dem „richtigen" Wort, dient dann als Vorlage. Ähnlich wird mit der „Übersetzung" eines Textes in die „Buchschrift" verfahren. Die Eltern bemerken: „Die Orthographie ist erstmal egal, bei den Resultaten müssen wir uns manchmal das Lachen verkneifen, manchmal das Grausen: Dafür schreibt Marie … mit flammendem Eifer Briefe … Bislang ist Schreiben für alle ein Spaß! Marie hat sich sehr früh die Welt der Kommunikation erobert" (*Sussebach* 2007). Ein Ziel ist erreicht!

▶ Literatur

Conrady, Peter/Sengelhoff, Barbara: Das Regenbogenpaket. Elternbrief. Essen 2005
Sussebach, Henning: „Bringt Puschen mit!" Die Zeit. Nr. 6 vom 01. Februar 2007

Sammle Wörter und Buchstaben

in der Klasse   auf dem Schulweg

im Schulhaus   zu Hause

ILLUSTRATIONEN: ELKE PETERSEN

Wörter entdecken

die Tafel	der Tisch	der Computer
der Stuhl	der Türrahmen	die Toilette
die Tür	das Papier	die Stifte
das Fenster	der Ordner	der Kleber
das Buch	das Heft	die Treppe
der Ausgang	das Spiel	die Kreide
der Kakao	das Bild	die Türklinke
der Stundenplan	das Lexikon	der Schwamm
das Lehrerzimmer		die Garderobe

Wörter bauen

Versuche, so viele Wörter wie möglich mit diesen Buchstaben zu legen.

Schreibe sie auf.

Vergleicht eure Wörter.

Nimm nun auch das $\boxed{Z}$ dazu.

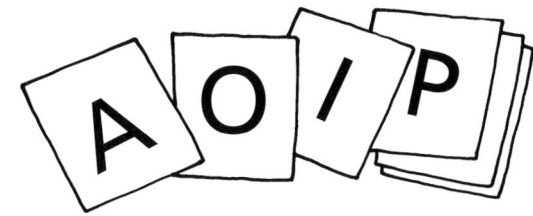

O	P	A	M	I
O	P	A	M	I
O	P	A	M	I
O	P	A	M	I
O	P	A	M	I
Z	Z	Z	Z	Z

Erstlesen mit Bewegung

VON SUSANNE GERDES UND ELKE THIELE

Kinderwelt ist bekanntlich Bewegungswelt.
Für das Lesenlernen lässt sich letztere vielfältig nutzen.

FOTO: ISTOCKPHOTO

Lesen lernen mit Bewegung intensiviert die Aufnahme des Lernstoffes.

Die motorische Unruhe vieler Kinder signalisiert uns ihren Bewegungsmangel, jedoch sollen die Kinder Erfahrungen, Fähigkeiten und Kenntnisse im Sitzen erwerben, da es zunächst um das Erlernen der Kulturtechniken wie das Lesen, Schreiben, Rechnen geht. Eine undenkbare Vorstellung, dass der Lernprozess durch Bewegung unterstützt und verstärkt werden könnte? Obwohl längst bekannt ist, dass nicht nur die kognitiven Zielsetzungen unserer Unterrichtsplanungen Lernerfolge ermöglichen, spielt die Motorik durchaus eine Rolle. Sie wird beschränkt auf manuelle Tätigkeiten und bezieht nur in Ausnahmen den ganzen Körper mit ein (z. B. bei der Buchstabengymnastik im ersten Schuljahr). Es gibt ganz offenkundig im Schulalltag zu wenig Angebote und Möglichkeiten für Kinder, sich in Bewegung auszudrücken, Erfahrungen zu sammeln und neue Kenntnisse zu gewinnen. Landläufig ist man der Meinung, der Sportunterricht und die Pausen genügten, um der Lust nach Bewegung der Kinder nachzukommen. Wer jedoch Kinder in Pausen beobachtet, weiß, dass ein weitaus größeres Potenzial an Bewegungsdrang in den Kindern steckt als der Sportunterricht abzudecken vermag. Durch die viel zitierte Veränderung der Kindheit (durch Me-

dien bestimmte Umwelt, eingeschränkte Bewegungsräume, reglementiertes Freizeitverhalten) verlieren Kinder „Bewegungszeit", da sie häufig stundenlang vor dem Fernseher oder dem Computer sitzen und von den Eltern wiederum auch zum Stillsitzen veranlasst werden (Hausaufgaben, Freizeitverpflichtungen).

Lernen in Bewegung kann kopflastiges Lernen verhindern, da die Kinder nicht nur über visuelle und auditive Anregungen Lerninhalte aufnehmen, sondern auch haptische und motorische fördern können. Lernen mit Bewegung zu verknüpfen kann zwei Absichten verfolgen: zum einen dem starken Bewegungsdrang der Kinder zu entsprechen, zum anderen die Aufnahme des Lernstoffes zu intensivieren.

ZWEI EXTREME ZIEHEN SICH AN

Möglichkeiten dazu bieten sich u. a. im offenen Unterricht an, in dem die Schülerinnen und Schüler häufiger von ihren Plätzen aufstehen, sich im Klassenraum bewegen können oder ihn auch verlassen dürfen und nicht zum Verharren an einem Platz verpflichtet sind. Hier werden zwei Fächer miteinander verknüpft, die im Schulalltag wohl eher ein Bewegungsfach und ein Still-

sitzfach repräsentieren. Gerade Erstklässler haben große Schwierigkeiten, sich vom bisher mehr spielerischen Alltag zu still dasitzenden, aufmerksamen Schülern zu entwickeln. Daher haben wir versucht, die Bewegungsspiele des Sportunterrichts so in den Anfangsunterricht zu transformieren, dass die Lerninhalte des Erstleselehrgangs besser aufgenommen werden können und nebenbei der Lust an körperlicher Betätigung nachgegangen wird. Bekannt, aber noch wenig verbreitet sind wohl die Hüpfspiele mit Buchstaben auf dem Schulhof, bei denen sich die Kinder Wörter erhüpfen können oder die auf Teppichfliesen aufgeklebten Buchstaben, die im Klassenraum oder in der Sporthalle bereitliegen und „zu einem bewegungsintensiven Hüpfspiel benutzt werden können."

Ursprünglich wurde die Stunde „Übungsparcours zum Erstlesen" zum Lese- und Schreiblehrgang der „Bunten Fibel" entwickelt, ist aber auf jeden anderen Lese-Schreiblehrgang (auch fibelunabhängig) übertragbar, denen ein simultan analytisch-synthetisches Vorgehen zu Grunde liegt, wie es heute allgemein üblich ist. So braucht lediglich das Wortmaterial entsprechend abgeändert werden: aus Fu und Fara werden Toni und Fine, Tobi usw. und die Namen werden ergänzt aus den ersten Lernwörtern. Wichtig ist dabei, dass der Aufbau der Stationen so erfolgt, dass entsprechend der verschiedenen Lerntypen möglichst viele Lernkanäle angesprochen werden:

- die visuelle Komponente bei synthetischen und analytischen Übungen (hier: alle Stationen)
- die auditive Komponente (hier: Station 2 bei der Lautdiskriminierung und Durchgliederung einzelner Wörter; Station 4 und 6 speziell zur Anlautdiskriminierung; Station 5 bei der Wortsynthese durch Silbenbildung)
- die sprechmotorische Komponente (hier: Station 2 bei der Durchgliederung einzelner Wörter; Station 5 bei der Silbenbildung und Station 6 bei der Anlautbildung)
- die haptische Komponente (hier: an Station 3 beim Erfühlen und Ertasten verschiedener Buchstaben)

DER ÜBUNGSPARCOURS

Die durch den Lehrgang bereits bekannten Schlüsselwörter sowie die durchgenommenen Buchstaben werden an sechs Stationen unter Berücksichtigung der o. a. Komponenten geübt. Der sportliche Rahmen und die Methoden des Lese- und Spracherwerbs sollten bei einer Wiederholung des Parcours zu einem anderen Zeitpunkt gleich bleiben, lediglich die Inhalte sollten mit fortschreitendem Lehrgang erweitert bzw. variiert werden. Gerade für Erstklässler bietet es sich an, die Übungsform häufig zu wiederholen, damit sie Sicherheit durch die vertrauten Anforderungen bekommen.

Zu Beginn der Stunde treffen sich die Lehrerin und die Kinder im Mittelkreis der Sporthalle im Judositz (Fersensitz). Bei unserem Ritual verbeugen sich die Kinder zur Mitte, was als Zeichen der Höflichkeit und Rücksichtnahme während dieser Stunde gilt. Das Eingangsspiel wird erläutert: So lange die Musik vom Kassettenrekorder läuft, bewegen sich die Kinder frei durch die Halle. Sowie die Musik stoppt, greift sich jedes Kind einen der auf dem Hallenboden liegenden großen Buchstaben (Anzahl der Buchstaben stimmt mit der Anzahl der Kinder überein) und hält ihn so hoch, dass es selbst ihn lesen kann. Die Schülerinnen und Schüler kontrollieren die richtige Raumlage durch den auf der Rückseite der Buchstabenkarte angebrachten untenliegenden Punkt.

Die Musik startet erneut, die Buchstaben werden wieder abgelegt, und eine neue Runde beginnt. Den Buchstaben der letzten Runde bringen die Kinder mit in den Sitzkreis. Der bewegungsintensiven Einstiegsphase folgt eine Phase der Konzentration, da der erste große Bewegungsdrang abgebaut ist, und die Kinder nach einer Stille-Übung auf die Stationen vorbereitet werden sollen. Reihum lautiert jedes Kind seinen Buchstaben, dann schließen alle die Augen und versuchen, ihren Buchstaben als Anlaut in den von der Lehrerin vorgesagten Wörter herauszuhören. Kinder, die ihren Buchstaben erkannt haben, geben ihn ab und öffnen ihre Augen, bis alle Buchstaben wieder bei der Lehrkraft sind.

Als Übergang zum Hauptteil der Stunde organisiert die Lehrerin die notwendige Gruppeneinteilung durch das durch den Sportunterricht bekannte „Atomspiel": Die Kinder laufen um die aufgebauten Stationen herum, ohne sie zu berühren und finden sich auf Zuruf (z. B. „Sechs") zu entsprechenden Gruppen zusammen, wobei die vor jeder Station verteilt liegenden Teppichfliesen die Treffpunkte darstellen. Durch den letzten Aufruf („Drei!") entstehen die für den Stationslauf gültigen Gruppen. So wird gewährleistet, dass die Gruppeneinteilung zufällig entsteht und auch Schülerinnen und Schüler miteinander arbeiten, die sonst weniger zusammen sind. Die Gruppenstärke von drei Kindern ist für die Übungsformen an den Stationen günstig, andere Konstellationen sind je nach Klassenstärke und Anzahl der Stationen ebenso machbar.

Die Gesamtgruppe geht nun mit der Lehrkraft von Station zu Station, wobei die jeweils an der Station gebildete Dreiergruppe die Vorgehensweise demonstriert und damit einübt. Kontrollmöglichkeiten gibt es einerseits an den jeweiligen Stationen, zum anderen ist durch die Gruppenarbeit eine gegenseitige Kontrolle gegeben.

Station 1: Satzsynthese

In den Feldern der Gittersprossenwand sind mit Kreide den Kindern bekannte Wörter aufgeschrieben. Mit einem Ball soll ein Mitspieler nacheinander Wörter (Felder) anspielen, sodass ein Satz entsteht. Die Gruppenmitglieder lesen den Satz laut vor, z. B.: Oma ruft Ralf …
Lernkanal: visuell

Station 2: Wortsynthese

An der Leitersprossenwand sind bekannte Buchstaben befestigt. Ein Mitspieler nimmt sich eine der an der Station bereitliegenden Wortkarten (z. B. Oma) und lautiert die einzelnen Buchstaben, die ein weiterer Mitspieler durch eine Kletterübung von der Sprossenwand holt und als Wort hinlegt. Als Kontrolle werden Wortkarte und gelegtes Wort miteinander verglichen. Die Buchstaben sind mit Klebestreifen auf der Rückseite an den Sprossen befestigt und müssen am Ende eines jeden Durchgangs wieder angebracht werden.
Lernkanal: auditiv, sprechmotorisch und visuell

Station 3: Diskriminierung einzelner Buchstaben

Ein Mitspieler schwingt an den Ringen, springt ab und landet auf einer von drei zur Auswahl stehenden Teppichfliesen mit je einem aufgeklebten Buchstaben. Der von dem Kind getroffene Buchstabe muss nun von beiden Partnern in zwei bereitgestellten Fühlkästen mit plastischen Großbuchstaben erfühlt werden. Die erfühlten Buchstaben werden dann mit dem Buchstaben auf der Teppichfliese verglichen.
Lernkanal: haptisch und visuell

Station 4: Diskriminierung von Anlauten

Ein Mitspieler nimmt sich eine Wortkarte und liest vor. Ein anderer Mitspieler balanciert auf einer umgedrehten Bank, die mit Buchstaben versehen ist, bis zu dem Buchstaben, der den Anlaut des vorgelesenen Wortes bildet. Der dritte Mitspieler kontrolliert, ob an der richtigen Stelle abgesprungen wird.
Lernkanal: auditiv und visuell

Station 5: Wortsynthese aus Silben

Ein Mitspieler stellt sich in den mittleren Reifen. In den fünf umliegenden Reifen sind Karten mit Silben der bekannten Wörter aufgeklebt. Die anderen Mitspieler lesen abwechselnd eine Wortkarte silbenbetont vor. Das Kind in der Mitte erhüpft das Wort, indem es die passenden Silben in den Reifen sucht und jeweils von der Mitte aus hineinspringt.
Lernkanal: auditiv, sprechmotorisch und visuell

Station 6: Laut-Buchstaben-Zuordnung

Ein Mitspieler nimmt sich eine der bereitliegenden Buchstabenkarten und lautiert den Buchstaben. Ein anderer Mitspieler hüpft von einer Markierungslinie aus mit dem Hüpfball zu den an der Wand befestigten Bildern und zeigt auf das Bild, welches einen Gegenstand darstellt, der mit dem genannten Laut beginnt (z. B. eine Tasse für das T). Wenn das Bild hochgeklappt wird, steht zur Kontrolle der richtige Anlaut auf der Rückseite.
Lernkanal: auditiv, sprechmotorisch und visuell

Pro Station sollte so viel Zeit zur Verfügung gestellt werden, dass jedes Gruppenmitglied mindestens einmal die Übung absolvieren kann. Durch einen Tamburinschlag werden die Gruppen aufgefordert, die Materialien wieder an ihren Platz zurückzulegen, ein Doppelschlag auf das Tamburin zeigt kurz darauf den Wechsel der Stationen im Uhrzeigersinn an. Jede Gruppe sollte alle Stationen anlaufen, da sie von den Bewegungsformen so abwechslungsreich gewählt sind (Werfen, Klettern, Schwingen, Balancieren und Hüpfen), dass die Beibehaltung der motivationsunterstützenden Wirkung der Sportarrangements und ein vielseitiger Übungscharakter gewährleistet ist. Zum Stundenende erhalten die Kinder im Abschlusskreis Gelegenheit, sich zu den Stationen und den damit verbundenen Übungen zu äußern. ■

LITERATUR

Sennlaub, G.: Vielkanal-Rechtschreiben. In: Spitta, G. (Hrsg.): Legasthenie gibt es nicht … Was nun? Kronberg 1977

Zimmer, R.: Die Sinnesschule. In: Grundschulzeitschrift, Heft 70/1993, S. 26–27

Hinrichs, J./Will-Beuermann, H./Valtin, R.: Bunte Fibel. Hannover 1990

Möwe oder martı

Lesen und Schreiben lernen mit einer deutsch-türkischen Buchstabentabelle

VON GABRIELE LANGEL-CAROSSA

Viele Kinder türkischer Herkunft kommen mit nicht ausreichender Sprachkompetenz in die Schule. Für sie bietet sich die Arbeit mit einer deutsch-türkischen Buchstabentabelle an. Hiervon profitieren nicht nur die türkischen Kinder.

Am ersten Schultag sitzen alle Kinder aufgeregt in ihrem Klassenzimmer. Schon aus den Schulanmeldungen ging hervor, dass dieses eine „bunt gemischte" Klasse mit Kindern unterschiedlicher Nationalitäten ist: deutsche Kinder, Kinder mit einem Elternteil aus dem Ausland und Kinder, deren Erstsprache türkisch ist. Die sprachlichen Potenziale, die diese Kindergruppe bietet, sollen von Anfang an genutzt werden.

EINE GEMEINSAME BUCHSTABENTABELLE

Den türkischen Kindern fällt die deutsche Sprache besonders schwer. Ihnen fehlen häufig die Wörter und sie kennen fast ausschließlich Einwortmitteilungen. Sie kommen oft mit nicht ausreichender Sprachkompetenz in die Schule und können zum Teil auch ihre Erstsprache Türkisch nicht fließend sprechen. Ihnen fehlt die Struktur einer Sprache. Deshalb muss überlegt werden, wie die Kinder motiviert werden können, um Sprache und Struktur lernen zu wollen.

Ein möglicher Weg besteht darin, die Buchstaben so aufzubereiten, dass sowohl im Deutschen wie im Türkischen für den gleichen Begriff der gleiche Anfangsbuchstabe vorhanden ist. Das ist eine besondere Herausforderung, da es nicht für alle Begriffe diese Übereinstimmung gibt. Hinzu kommt, dass die Phoneme der einzelnen Buchstaben nicht in beiden Sprachen gleich sind. So ist zum Beispiel das „e" bei „Esel" ein anderes als bei „eşek"

(türkisch für Esel). Besser wäre es, das „e" in „eşek" mit dem „e" in „Ente" gleichzusetzen, aber Ente heißt auf türkisch „ördek".

Die türkische Sprache hat in vielen Wörtern vollkommen andere Phoneme als die deutsche Sprache. Das zeigt sich besonders bei

Beim Lesen und Schreibenlernen mit einer deutsch-türkischen Buchstabentabelle profitieren alle Kinder.

Ein Fallbeispiel

Ein Junge türkischer Herkunft zeigte große Schwierigkeiten beim Schreiben und Lesen. So benötigte er einerseits Ermutigung, andererseits auch Training. Anfangs schrieb er nur Anfangsbuchstaben, da er sich nicht traute, ein ganzes Wort zu schreiben. Die gemeinsame Buchstabentabelle, anhand derer mit ihm Schritt für Schritt Wörter erarbeitet wurden, ermutigte ihn zu schreiben. In vielen Gesprächen betonte der Junge, er wolle seine Familiensprache Türkisch aber nicht verlieren. Ein Grund mehr, hier besonders sensibel zu sein und dem Jungen Unterstützung im Deutschen anzubieten, ihn aber gleichzeitig zu ermuntern, anderen Kindern „seine" Wörter auf Türkisch beizubringen.

FOTO: BERT BUTZKE

ÜBERBLICK

Klassenstufe: 1

Zu diesem Beitrag gehören folgende Materialien:

M 12: Deutsch-türkische Buchstabentabelle

M 13: Ergänzungen für die deutsch-türkische Buchstabentabelle

Übungen zur phonemischen Bewusstheit. Die türkischen Kinder müssen sich beim Hören der deutschen Phoneme immer wieder umstellen.

Sprachlich korrekter wäre es, zwei Tabellen mit den unterschiedlichen Phonemen – eine für türkischsprachige Kinder und eine für deutschsprachige Kinder – einzusetzen, aber die emotionale Beziehung zu einer gemeinsamen Tabelle ist so hoch zu bewerten, dass dies dafür spricht, sich für eine gemeinsame Tabelle zu entscheiden (siehe S. 32, **M 12**). Mit dieser lernen auch die deutschen Kinder die türkischen Begriffe, und es entsteht ein gegenseitiger Dialog über Sprache, der das Lernen unterstützt. Die deutschen Kinder erfahren darüber hinaus, wie schwierig es ist, ein phonologisches Bewusstsein in einer anderen Sprache zu erlernen und zeigen mehr Verständnis und Akzeptanz gegenüber ihren türkischen Mitschülerinnen und Mitschülern.

Für die Buchstaben, für die es keinen gemeinsamen Begriff gibt, werden zusätzlich getrennte Buchstabentabellen genutzt (siehe S. 33, **M 13**). Diese Tabellen werden auch angeboten, um gerade die unterschiedlichen Phoneme deutlich zu machen.

Für das Schreiben von kurzen Texten kann die gemeinsame Buchstabentabelle als Grundlage genutzt werden. Die Kinder arbeiten selbstständig mit der Tabelle und entwickeln entsprechend ihren individuellen Fähigkeiten kleine Texte. Ein Beispiel dafür sind „Monatsgeschichten": Jedes Kind überlegt sich für einen Monat ein Thema und schreibt darüber eine Geschichte. Da auch die deutschen Kinder die türkischen Begriffe lernen und so

für den Lernprozess der türkischen Kinder sensibilisiert werden, wird gegenseitiges Helfen ermöglicht, sodass die Kinder auch gemeinsame Texte entwerfen können.

Mit den Namen spielen

Eine weitere Gemeinsamkeit stiftende Möglichkeit der Sprachförderung ist der Einsatz der Namen der Kinder. Wenn die Aussprache der Namen einiger Kinder nicht leicht fällt und selbst beim Ablesen nicht immer korrekt gelingt, kann ein Spiel eingesetzt werden. Hierfür werden von allen Kindern Fotos gemacht und auf quadratische Karten geklebt. Mit diesen Fotokarten lernen die Kinder zunächst die einzelnen Namen auf der Bildebene. Nachdem die Kinder die einzelnen Namen ihrer Mitschülerinnen und Mitschüler zu den Fotos mehrfach nennen können, werden die Fotokarten durch Namenskarten (mit den geschriebenen Namen der Kinder) ersetzt. So lernt jedes Kind, die Namen der anderen Kinder zu lesen. Gleichzeitig wird der Kontakt der Kinder untereinander gefördert.

Anschließend können die Kinder mit den Karten „Paare suchen" spielen. Gesucht werden hier immer die zusammengehörenden Foto- und Namenskarten). Dieses Spiel entwickelt sich erfahrungsgemäß zum beliebtesten Spiel in der Klasse, denn jedes Kind freut sich, wenn sein Foto und sein Name im Mittelpunkt stehen.

FAZIT

Die Möglichkeiten einer gemeinsamen Buchstabentabelle zeigen, wie wichtig die emotionale Beziehung zu einer Sprache und wie förderlich eine Umgebung der Wertschätzung und Achtung der anderen Kultur für den gemeinsamen Lernprozess der Kinder ist.

DAS MATERIAL

Die Buchstabentabelle wurde erarbeitet von **Perihan Cepne**. Sie ist Lehrerin in Bremen.

LITERATUR

Fürstenau, Sara/Gogolin, Ingrid/Yağmur, Kutlay (Hrsg.): Mehrsprachigkeit in Hamburg. Ergebnisse einer Sprachenerhebung an den Grundschulen Hamburgs. Münster 2003

WWW-TIPP

www.Koala-projekt.de: Das Koala-Projekt zeigt Möglichkeiten für eine Koordinierte Alphabetisierung im Anfangsunterricht Deutsch-Türkisch und Deutsch-Portugiesisch.

LESEN SIE WEITER

Büchner, Inge: Keine Angst vor anderen Sprachen! In: Grundschule, Heft 10/1999, S. 44–48
Giambusso, Anna/Giambusso, Giuseppe/Belke, Gerlind: Explodieren statt implodieren. In: Grundschule, Heft 3/2005, S. 39–45
Urbanek, Rüdiger: Türkisch schreiben und lesen lernen mit der Anlauttabelle. Kostenlos unter: www.westermann-fin. de. Die Anlauttabelle zu dem Beitrag ist außerdem als Poster der Zeitschrift Grundschule, Heft 2/2010 beigelegt.

Bestellen Sie Ihre Exemplare telefonisch unter 0531/708-8361, per Mail an abo-bestellung@westermann.de, im Internet unter: www.die-grundschule. de oder laden Sie sich die Artikel unter www.die-grundschule.de herunter.

Deutsch-türkische Buchstabentabelle
Erarbeitet von Perihan Cepne

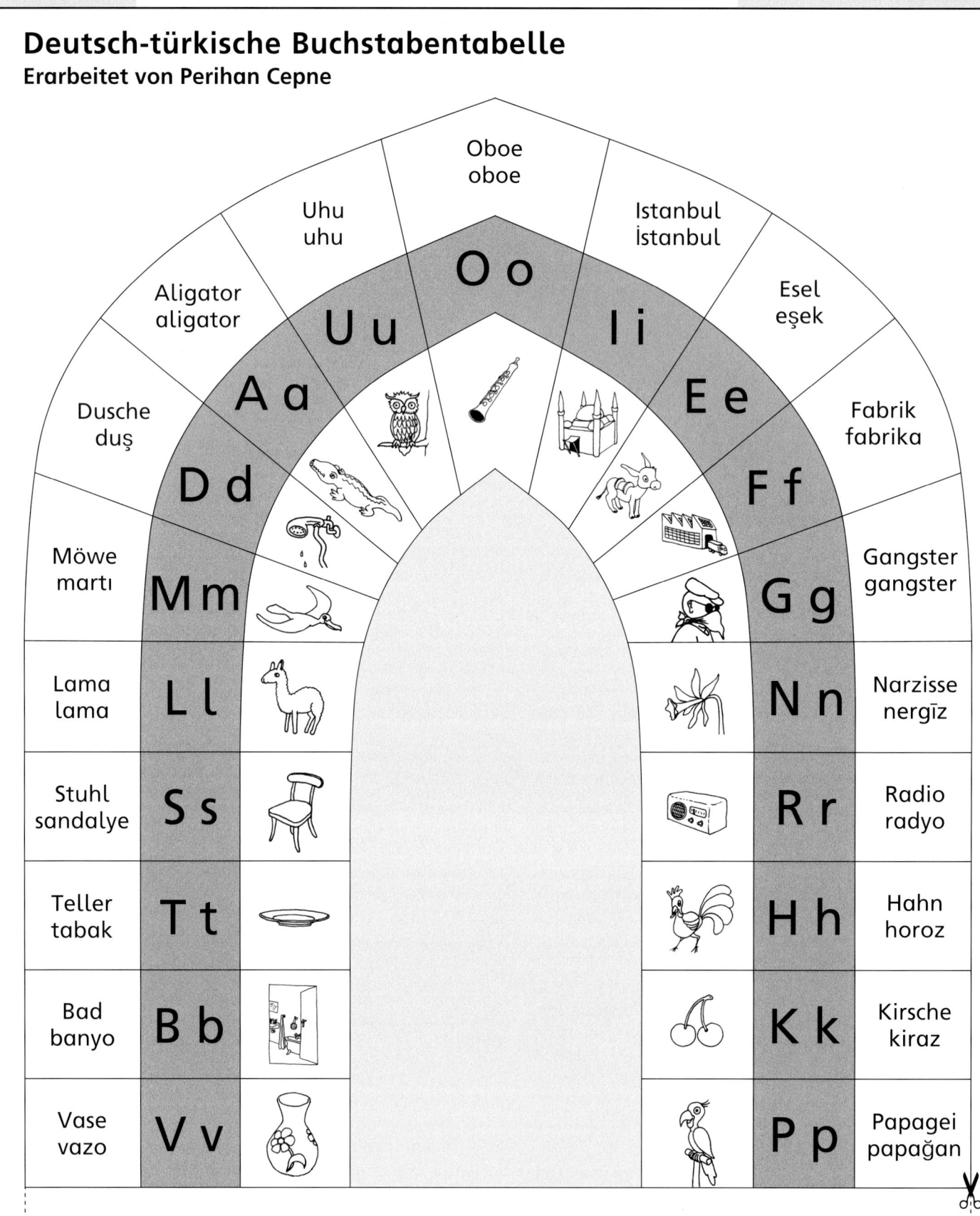

ILLUSTRATIONEN: HANS-WOLFGANG CAROSSA

Ergänzungen für die deutsch-türkische Buchstabentabelle

Ergänzung für deutsche und türkische Kinder

Qualle	Qu qu	
Waage	W w	
Xylophon	X x	

	J j	Jojo
	C c	Computer
	Y y	Yak
	Z z	Zange

Ergänzung für türkische Kinder

yatak	y	
zar	z	

	c	cami
	j	jilet

ILLUSTRATIONEN: HANS-WOLFGANG CAROSSA

Zugänge zur Schriftsprache eröffnen

VON ADA SASSE

Kinder, die Schwierigkeiten haben, die Funktion von Schrift zu erkennen, müssen unterstützt werden. Wie man ihre Kenntnisse feststellen kann, um sie gezielt zu fördern, wird im Folgenden gezeigt.

FOTO: EUGEN RUF

Kinder befassen sich schon lange vor dem Eintritt in die Schule mit Schrift. Von klein auf sind sie von Schrift umgeben und setzen sich mit ihr beiläufig auseinander: beim Einkaufen, auf Reisen, im Kindergarten und zu Hause. Sie beobachten Erwachsene und ältere Kinder beim Lesen und Schreiben, sie wünschen, dass ihnen vorgelesen wird, und sie können Älteren etwas diktieren. Außerdem entdecken sie Zeichen und Symbole in ihrer Umgebung und interessieren sich für ihre Bedeutung. Wenn Erwachsene Kinder darin bekräftigen, sich mit Schrift zu befassen, dann kann bei Kindern aus dem beiläufigen ein explizites Interesse an Schrift und Schriftkultur werden. Das schon vor dem Eintritt in die Schule gewonnene Wissen über Schrift fließt schließlich in die ersten Schreib- und Leseversuche der Kinder ein, indem sie beispielsweise Kritzelschriften entwickeln und den „Lesetonfall" des kompetenten Lesers gekonnt nachahmen. Für den Schriftspracherwerb im Anfangsunterricht sind daher viele Anknüpfungspunkte möglich. Ob Kinder die erforderlichen Voraussetzungen erwerben konnten, stellt sich jedoch oft erst nach dem Eintritt in die Schule heraus.

Kinder mit Lese-Rechtschreibschwierigkeiten sind Kinder, die oft unzureichende Gelegenheiten hatten, sich mit Schriftlichem auseinanderzusetzen und einen Zugang zur Schrift zu gewinnen. Sie sind häufig in Familien aufgewachsen, in denen Schrift im Alltag keine besondere Rolle spielt, in denen wenig gelesen wird oder in denen Schriftliches mit negativen Erwartungen besetzt ist. Die Familien können sozial benachteiligt oder finanziell und materiell gut ausgestattet sein. In ihnen überwiegen Interessen und Hobbys, die eher „schriftfern" sind.

Die Entwicklung kognitiver Klarheit über Funktion und Struktur von Schrift ist ein Prozess, der bereits im ersten Lebensjahr des Kindes beginnt und mit dem Eintritt in die Schule nicht abgeschlossen ist. In der Auseinandersetzung mit Schriftlichem in ihrer Umgebung differenzieren die Kinder allmählich Vorstellungen darüber aus, welche Funktion und welche Strukturmerkmale Schrift hat. Dieser Prozess ist in die kognitive Entwicklung des Kindes eingelagert. Die Entwicklung kognitiver Klarheit über Funktion und Struktur von Schrift ist daher ein Prozess der Denkentwicklung des Kindes. Kinder mit kognitiven Entwicklungsverzögerungen oder mit geistiger Behinderung sind deshalb Kinder, die prinzipiell in den gleichen Schritten das Lesen und Schreiben erlernen wie alle andere Kinder; sie benötigen jedoch mehr Zeit und stärker differenzierte Angebote, um einen Zugang zur Schrift zu gewinnen. Die pädagogische Unterstützung von Kindern mit Lese-Rechtschreibschwierigkeiten – gleich, ob sie kognitive Entwicklungsverzögerungen haben oder nicht – setzt auf Seiten der Lehrerinnen sowie der Eltern Wissen darüber voraus, wie kognitive Klarheit entsteht und welches Wissen sie umfasst.

KINDER BEGINNEN ÜBER SPRACHE NACHZUDENKEN

Kinder, die sprechen lernen, bedienen sich zunächst uneingeschränkt der Bezeichnungsfunktion der Sprache: Sie sprechen über Dinge, Personen und Abläufe, die alltäglich sind oder die sie besonders interessieren. Während sie sich in den ersten Lebensjahren sprachlich auf die Realität beziehen, gelingt es ihnen im Vorschulalter zunehmend, durch Sprache neue, fiktive Situationen zu schaffen. So findet im Rollenspiel ein Bleistift Verwendung als Krokodil und wird auch als Krokodil bezeichnet. In dieser Situation treten das Bezeichnete und die dazugehörige Bezeichnung in ein neues Verhältnis, denn der Zusammenhang zwischen dem Gegenstand und dem Wort löst sich auf. Reale Gegenstände, die im Rollenspiel die Funktion anderer Gegenstände zugewiesen bekommen, erhalten die Bezeichnung des vorgestellten Gegenstandes. Dieser spielerische Umgang mit Bezeichnungen unterstützt die „Vergegenständlichung von Sprache", die Fähigkeit des Kindes, von der Bezeichnungsfunktion der Sprache abzusehen und über Sprache nachdenken zu können. Nun steht die Sprache selbst, nicht mehr das Bezeichnete im Mittelpunkt des Interesses. Kinder können Sprache „vergegenständlichen", wenn sie beispielsweise nach Reimwörtern suchen, sich für Sprachspiele und Abzählreime interessieren, Wörter in Silben segmentieren und den Anlaut von Wörtern bestimmen können (siehe **M 15–16**).

Kinder, die im Anfangsunterricht noch nicht in der Lage sind, über Sprache nachzudenken, haben unzureichende Lernvoraussetzungen für den Schriftspracherwerb. Denn der Gebrauch der Schrift setzt die Analyse des gesprochenen Wortes voraus. Um diese Kinder wirksam zu unterstützen, sind Angebote erforderlich, die das Nachdenken über Sprache anregen. Hier sind insbesondere solche Angebote geeignet, die sich auf die Entwicklung phonologischer Bewusstheit beziehen. Kognitive Klarheit über Funktion und Struktur von Schrift umfasst jedoch mehr als allein phonologische Bewusstheit. Nachholende Angebote sollten daher mehr umfassen als diesen einen Aspekt der kognitiven Klarheit.

KINDER BEGINNEN ÜBER SCHRIFT NACHZUDENKEN

Wenn Kinder in Umgebungen aufwachsen, die „schrifthaltig" sind, und wenn sie vielfältige Gelegenheiten haben, Erwachsene und ältere Kinder beim Lesen und Schreiben zu beobachten, dann können sie allmählich herausfinden, welche Funktion Schrift hat und wie sie funktioniert. In welcher Weise Kinder ihre Vorstellungen über Schrift ausdifferenzieren, kann in Spielsituationen beobachtet und in den Tätigkeitsergebnissen der

Kinder entdeckt werden. So ahmt ein Vorschulkind den „Lesetonfall" überzeugend nach, fährt mit dem Finger Zeilen entlang und blättert in regelmäßigen Abständen Buchseiten um, wenn es „vorliest". In der spielerischen Nachahmung wird deutlich, dass das Kind um den Zusammenhang zwischen geschriebener und gesprochener Sprache weiß.

Und in der „Kritzelschrift" von Kindern sind schon wichtige Strukturelemente von Schrift enthalten, beispielsweise Formelemente von Druck- und Schreibschrift, die Schreibrichtung und Textstrukturen wie Wortabstände und Satzzeichen. Kinder entwickeln Vorstellungen über Schrift also nicht nur, indem sie kompetente Leser und Schreiber beobachten, sondern auch, indem sie diese nachahmen. Durch das spielerische Probieren dieser Tätigkeiten differenzieren sie ihre Vorstellungen weiter aus.

Viele Kinder mit Lese-Rechtschreibschwierigkeiten hatten vor dem Eintritt in die Schule unzureichende Möglichkeiten, Lesen und Schreiben zu beobachten und selbst auszuprobieren. Sie wissen nicht, was Personen tun, wenn sie von sich sagen, dass sie lesen und schreiben. Diese Kinder können häufig nicht sicher zwischen „malen" und „schreiben" sowie zwischen „schauen" und „lesen" unterscheiden (siehe S. 36, **M 14**). Außerdem können sie häufig Buchstaben noch nicht von anderen Zeichen und Symbolen bzw. von Ziffern unterscheiden (siehe S. 36, **M 14** und **M 17**). Während sich Kinder mit ausdifferenzierten Vorstellungen über „Lesen" und „Schreiben" im Anfangsunterricht beispielsweise auf das Erlernen von Phonem-Graphem-Beziehungen konzentrieren können, müssen Kinder mit unzureichender kognitiver Klarheit über Funktion und Schrift im Anfangsunterricht zunächst Vorstellungen darüber entwickeln, was Schrift ist. Wenn ihnen nicht nachholende Angebote zur Entwicklung kognitiver Klarheit zur Verfügung gestellt werden, entwickeln sie deshalb gravierende Lernschwierigkeiten.

NACHDENKEN ÜBER SPRACHE UND NACHDENKEN ÜBER SCHRIFT GREIFEN INEINANDER

Die Schrift fixiert das gesprochene Wort. Deshalb greifen Einsichten in die Struktur der Sprache und Einsichten in die Struktur der Schrift ineinander. Dass sich Strukturelemente der gesprochenen Sprache in der Schrift wiederfinden lassen, können Kinder auf unterschiedlichen Wegen beobachten: Die Suche nach gleichen Anlauten wird unterstützt, wenn die Abbildung von Gegenständen durch das Wortbild ergänzt wird (siehe **M 16**). Dann können Kinder den Anlaut des Wortes nicht nur nach dem Hören (akustische Analyse), sondern auch nach der Form des Buchstabens (optische Analyse) unterscheiden. Wenn Kinder Wörter in Silben sprechen, können sie zugleich für jede Silbe einen Silbenbogen zeichnen. Wenn auch hier die Abbildung des Gegenstandes durch das Wortbild ergänzt wird und das Wortbild durch Silbenabstände gegliedert ist, können Kinder angeregt werden, sich nicht nur mit Hilfe der akustischen, sondern auch mit Hilfe der optischen Analyse zu orientieren (siehe **M 14**). Es ist deshalb sinnvoll für einige Kinder die Wörter zu ergänzen. Akustische und optische Analyse können durch die sprechmotorische Analyse ergänzt werden, indem sich die Kinder beim Sprechen in einem Spiegel beobachten.

Durch den Umgang mit Schrift im Zusammenhang mit dem gesprochenen Wort erfährt die kognitive Klarheit der Kinder über die Funktion und die Struktur von Sprache und Schrift eine Systematisierung und Erweiterung. Kinder mit Lese- und Rechtschreibschwierigkeiten benötigen keine prinzipiell anderen Angebote als Kinder ohne diese Schwierigkeiten. Sie sind jedoch darauf angewiesen, im Rahmen von Schule und Unterricht frühe Erfahrungen mit Schrift und Schriftkultur nachzuholen, um wie alle anderen Kinder das Lesen und Schreiben lernen zu können. ■

MATERIALIEN

M 14:
Lesen – Schreiben – Malen

M 15:
Wie viele Silben hat ...?/ Was reimt sich?

M 16:
Welches Wort beginnt mit einem anderen Anlaut?

M 17:
Erkennen schriftsprachlicher Zeichen

Name: .... Datum: ....

Lesen – Schreiben – Malen

Wer liest? Male ein Auge.

Wer malt? Male einen Pinsel.

Wer schreibt? Male einen Stift.

Ergebnis:
Zuordnung ist ☐ sicher ☐ unsicher ☐ kann nicht geleistet werden

Markiere Buchstaben rot, Wörter blau und Ziffern grün.

3	A	14	MAMA
M	100	IN	E
OMA	1	L	SO

Ergebnis:
Zuordnung ist ☐ sicher ☐ unsicher ☐ kann nicht geleistet werden

ILLUSTRATIONEN: WOLTERS DESIGN

Name: ....   Datum: ....

Wie viele Silben hat ....?

Ergebnis: Silben werden erkannt   ☐ ja   ☐ ansatzweise   ☐ nein

Was reimt sich?

Ergebnis: Reimwörter werden erkannt   ☐ ja   ☐ einige   ☐ nein

ILLUSTRATIONEN: WOLTERS DESIGN

Name: .... Datum: ....

Welches Wort beginnt mit einem anderen Anlaut?

  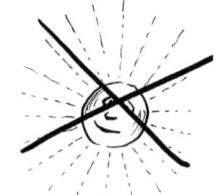

Ergebnis: Anlaute werden erkannt ☐ ja ☐ ansatzweise ☐ nein

Name: .... Datum: ....

3	A	14	PAPA
M	100	Ich mag Eis.	E
	Elefant	7	P
50	K	Eis	Das Kind liest.
Mama arbeitet.	6	so	☐
→	IN	≈	Schule

Anleitung
Karten ausschneiden und sortieren.
Oder: Buchstaben, Zahlen, Wörter und Sätze unterschiedlich markieren.

Zum Lesen verlocken

Das Lieblingsbuch in einem Lapbook vorstellen

VON JUDITH ZINAPOLD

Bereits in der ersten Klasse können Kinder ein Buch vorstellen, um andere zum Lesen zu verlocken. Bei der Herstellung eines Lapbook, auch „Schoßbuch" genannt, setzen sich die Kinder handlungs- und produktionsorientiert mit ihrem Lieblingsbuch auseinander, um Inhalt und Eindrücke mit gestalterischen Mitteln zu präsentieren.

FOTO: JUDITH ZINAPOLD

Abb. 1: Sarah und Malak (v. l. n. r.) präsentieren in der Klasse ihr gemeinsam erstelltes Lapbook zu „Von Hunden und Büchern" (Yates 2010).

Bilderbücher sind den meisten Kindern bereits aus vorschulischen Kontexten bekannt. Sie bieten eine Brücke zwischen Elementar- und Primarbereich und werden speziell im Anfangsunterricht auf vielseitige Weise in den Schulalltag integriert. „Sie sind wichtige Meilensteine auf dem Weg zur Lesekultur, denn sie bieten den Kindern entsprechend ihrer Interessen Begegnung mit Literatur" (Claussen 2002, S. 9). Für viele Kinder stellt der alltägliche Umgang mit Büchern jedoch keine Selbstverständlichkeit dar. „Vielfach sind Bilderbücher die ersten Bücher, denen Kinder begegnen, aber nicht alle Kinder haben schon vor der Schule Erfahrungen mit ih-

nen sammeln können, und so ist es umso wichtiger, dass die Schule ein Angebot macht, den Nachholbedarf zu stillen, von dem manche Kinder gar nicht wissen, dass sie ihn haben" (Niemann 2009, S. 4).

Zu diesem Angebot gehört der Aufbau einer Lesekultur in der Klasse, welche die Kinder befähigt, sich über Gelesenes auszutauschen, sich gegenseitig Buchempfehlungen zu geben und Bücher interessenbezogen auszuwählen. „Natürlich fehlt den meisten in den ersten Schulmonaten noch die Fertigkeit, Schriftzeichen für längere eigene Texte zu verwenden" (Bertschi-Kaufmann 2003, S. 23), doch auch mit Hilfe gestalterischer Mittel können Kinder ihre Leseeindrücke zum Ausdruck

bringen. Als eine geeignete, sehr anschauliche Präsentationform im Anfangsunterricht bietet sich das Lapbook an.

EIN LAPBOOK – WAS IST DAS?

Lapbooks – übersetzt „Schoßbücher" – kommen ursprünglich aus Amerika. Es handelt sich dabei um aufklappbare „Bücher" bzw. Mappen zu einem bestimmten Thema, welche die einzelnen Inhalte im Inneren auf verschiedenartigen Formaten wie Karten, Klappen, Leporellos, Drehscheiben usw. visuell aufgreifen und präsentieren (siehe Abb. 1). Indem die Kinder für die Gestaltung des Lapbook zu ihrem Lieblingsbuch wichtige Figuren, Wörter oder Szenen aufspüren und gestalterisch darstellen, werden sie in ihrer individuellen Kompetenz gefördert, sich handelnd und schreibend mit dem Inhalt des Buches auseinanderzusetzen.

Die Unterrichtseinheit

Der Einstieg in die Unterrichtseinheit erfolgte über das Vorlesen des Bilderbuches „Von Hunden und Büchern" (Yates 2010). Der Protagonist „Hund" mag Bücher. Er mag ihren Geruch und wie sie sich anfühlen. Und er mag es, beim Lesen in die Geschichten zu versinken. Eines Tages beschließt er, eine eigene Buchhandlung zu eröffnen, denn ganz besonders mag er es, Bücher mit anderen zu teilen.

Nach dem Vorlesen der Geschichte wurde im gemeinsamen Gespräch das Wissen über Bücher (Wo können Bücher gekauft oder ausgeliehen werden? Warum gibt es Bücher? Welche Art von Büchern gibt es?) und die individuellen Vorlieben („Welche Bücher magst du am liebsten?") gesammelt. Die Ergebnisse wurden auf einem Plakat festgehalten und für alle sichtbar in der Klasse aufgehängt.

Ein Buch auswählen

Im Anschluss hatten die Kinder ausgiebig Zeit, ein Buch für ihr Lapbook auszuwählen. In der Schul- und Klassenbücherei wurde gestöbert, geblättert und gelesen; alleine, zu zweit, in Gruppen oder gemeinsam mit der Lehrperson. Um die Motivation der Kinder zu fördern, war ihnen die Buchauswahl freigestellt. Sie durften auch das Lieblingsbuch von zu Hause mitbringen oder auf bereits im Unterricht behandelte Bücher zurückgreifen. Jedes Kind fand schließlich ein Buch, zu dem es ein Lapbook herstellen wollte. Einige Kinder wählten dabei auch das eingangs gelesene Buch „Von Hunden und Büchern" (Yates 2010). Um kooperative Arbeitsformen zu fördern, kann ein Lapbook neben der Einzelarbeit auch in Partner- oder Gruppenarbeit entstehen. Dabei werden die einzelnen Arbeitsergebnisse der Kinder in einem gemeinsamen Lapbook zusammengestellt und präsentiert (siehe Abb. 1).

Buchinhalte gestalterisch zum Ausdruck bringen

Den Kindern wurden die verschiedenen Angebote für die Arbeit am Lapbook vorgestellt. Es gab Wahl- und Pflichtaufgaben; folgende Aufgaben mussten für jedes Lapbook bearbeitet werden:

- Ein Titelbild für das Lapbook gestalten (die Kinder konnten ein eigenes Titelbild zeichnen oder eine Kopie des Originaltitelbildes anmalen);
- den Namen des Autors/der Autorin sowie den Buchtitel aufschreiben;
- eine Buchbewertung verfassen (Wie hat mir das Buch gefallen? Warum?).

Im Sinne des integrativen Deutschunterrichts konnten die Kinder entsprechend ihrer Interessen und individuellen Fähigkeiten zu einzelnen Aspekten ihres Buches erzählen, schreiben und malen oder zu einer Szene etwas vorspielen. Aus folgenden Angeboten konnten sie wählen:

- Wichtige Figuren vorstellen;
- wichtige Wörter und Texte (ab-)schreiben, z.B. Namen der Figuren, Namen von Gegenständen, Leseproben (Teil des Textes abschreiben, Dialoge abschreiben);
- wichtige Gegenstände „sammeln", z.B. aufschreiben, zeichnen oder – wenn möglich – einkleben (z.B. eine Feder, ein Laubblatt);
- eine „besondere Stelle" zeichnen, mit selbstgestalteten Stabpuppen vorspielen oder dazu schreiben;
- einen Brief an eine Figur aus dem Buch schreiben.

Zu den einzelnen Wahlangeboten wurden Expertengruppen gebildet, die den anderen Kindern beratend zur Seite standen.

HERSTELLUNG DES LAPBOOK

Für die Lapbooks wurden Einschlagmappen aus Pappe mit drei Innenklappen verwendet (siehe Abb. 1). Zur Verstärkung bietet es sich an, den Rücken der Mappe mit einem Bogen Karton zu verstärken. Möglich ist auch die Herstellung von Lapbooks aus Foto- oder Plakatkarton (DIN A3). Dafür werden die kürzeren Seiten des Kartonbogens zur Mitte zusammengefaltet, sodass sie wie Fensterläden nach links und rechts aufgeklappt werden können. Der Buchtitel, ein Titelbild sowie der Autor bzw. die Autoren wurden auf die Vorderseite des zugegeklappten Lapbook geklebt bzw. geschrieben.

Für den inneren Präsentationsteil waren der Fantasie der Kinder keine Grenzen gesetzt. „Wenn Leseeindrücke zu Papier gebracht werden sollen, müssen geeignete Schreibformen, Darstellungen und Illustrationen erst gesucht und ausprobiert werden" (Bertschi-Kaufmann 2003, S. 2). So standen den Kindern verschiedene Materialien und Vorlagen bereit, die

ÜBERBLICK

Jahrgang/Stufe: 1–2

Zu diesem Beitrag gehören folgende Materialien:

M 18: Bastelvorlage: Klappdiamant
M 19: Bastelvorlage: Drehscheibe
M 20: Bastelanleitungen (für M 18 und M 19)
M 21–22: Bastelvorlage: Klappkarten
M 23: Bastelvorlage: Klappenkarte
M 24: Eine Pop-up-Karte basteln

EXTRA-Tipp: Bilderbücher
Insbesondere im ersten Schuljahr und für Kinder mit Deutsch als Zweitsprache bieten sich auch Bilderbücher ganz ohne Text an.

für die einzelnen Angebote genutzt werden konnten. Neben Briefumschlägen, Karten und den Bastelvorlagen **M 18–24** gestalteten die Kinder auch Leporellos, Minibücher und Einsteckfächer, die in die Lapbooks geklebt wurden.

Vorlagen für die Gestaltung

Die Integration der individuell bearbeiteten Vorlagen **M 18–24** in das Lapbook bietet dem Kind eine motivierende Möglichkeit, seine Arbeitsergebnisse zu dokumentieren und gleichzeitig für andere spannend und interessant zu präsentieren. Liegen fertig gebastelte Ansichtsexemplare der Karten sowie des Diamantfächers und der Drehscheibe von **M 18–24** vor, können sich die Kinder beim Basteln daran orientieren. Auf dem Klappdiamanten (siehe **M 18,** S. 43 sowie die Bastelanleitung **M 20,** S. 45) kann zum Beispiel eine „besondere Stelle" im Buch dargestellt und bewertet werden. Eine Stelle kann im Buch von den Kindern als besonders wahrgenommen werden, wenn sie zum Beispiel sehr spannend, traurig oder witzig ist.

Die Drehscheibe (siehe **M 19** sowie die Bastelanleitung **M 20,** S. 45) besteht aus zwei Teilen. Die untere Scheibe kann von dem Kind individuell gestaltet werden. Wird die obere Scheibe anschließend mit einer Musterbeutelklammer auf der unteren Scheibe fixiert, lässt sich die obere Scheibe drehen – sichtbar ist je nach Drehung nur ein Teil der unteren Scheibe. Für eine bessere Stabilität kann die Drehscheibe (siehe **M 19**) aus festem Papier oder aus Pappe gestaltet werden. Anstelle von „gewöhnlichen" rechteckigen oder quadratischen Klappkarten können auch besondere Kartenformen angeboten werden (siehe **M 21–22**). Die runde Klappkarte (siehe **M 21**) kann zum Beispiel für eine Buchbewertung außen mit einem lustigen, traurigen oder erschrockenem Gesichtsausdruck („Smiley") bemalt werden. Für eine Vorstellung der Buchfiguren kann zum Beispiel die Vorderseite der sechseckigen Klappkarte (siehe **M 22**) mit „Wichtige Figuren" betitelt werden.

Eine Variante zu den „normalen" Klappkarten bietet die Klappenkarte mit vier Einzelklappen (siehe **M 23**), die beim Öffnen jeweils nur einen Teil des Karteninhalts offenlegt. Die Beschriftung der äußeren Klappen sowie des Karteninhalts kann individuell gewählt werden. So kann zum Beispiel eine Figur in den inneren Teil der Karte gemalt werden, sodass beim Aufklappen Kopf, Körper, Beine oder Füße sichtbar werden. Bei einem Sachbuch können sich hinter den mit Stichworten beschrifteten äußeren Klappen (z. B. Nahrung, Lebensort, Feinde oder auch Quizfragen zum Buch) gemalte oder geschriebene Lösungen verbergen.

Mit der Bastelanleitung **M 24**, S. 49 können einfache Pop-up-Karten hergestellt werden, die beim Öffnen zum Beispiel die wichtigen Figuren des Buches „hervorspringen" lassen. Die Figuren für diese Karten können von den Kindern selbst gezeichnet oder abgepaust werden. Eine Beschreibung zur Figur kann als ergänzender Text in die Pop-up-Karte eingeklebt werden. Die verschiedenen Schritte der Bastelanleitung **M 24**, S. 49 zu verstehen, ist nicht ganz einfach. So sollte die Lehrperson oder ein Expertenkind bei der Herstellung einer Pop-up-Karte helfen.

DIE PRÄSENTATION

Die Präsentation der Lapbooks erfolgte zunächst im Klassenverband (siehe Abb. 1), später auch vor der Parallelklasse. Da eine Präsentation ohne Vorbereitung jederzeit und überall möglich ist, kann das Lapbook – wie der Name schon sagt – auch auf dem Schoß in einer gemütlichen Ecke gelesen und anderen Kindern präsentiert werden. Das ansprechende Material im Innenteil der Lapbooks macht die anderen Kinder neugierig und hat auffordernden Charakter, sich mit dem präsentierten Inhalt – und somit dem Buch – genauer auseinanderzusetzen. Kinder, die eine Szene aus ihrem Buch mit Stabpuppen vorspielen möchten, stellen ihr Lapbook auf einen kleinen Tisch und klappen es wie ein Minitheater auf. Die Kulisse verbirgt sich im Inneren des Lapbook, wo auch die Stabpuppen befestigt werden können. Die Figuren, Orte und Dinge werden regelrecht lebendig, wenn sie gedreht, aufgeklappt oder aus dem Lapbook herausgezogen werden. Können die anderen Kinder bei der Präsentation sogar selbst ein Leporello aufklappen, eine Pop-up-Karte öffnen oder eine Drehscheibe betätigen, sind sie aktiv in die Präsentation eingebunden.

RÜCKMELDUNGEN GEBEN

Im Anschluss an die Präsentation gaben sich die Kinder im Gespräch gegenseitig Rückmeldungen, inwieweit sie durch die Präsentation auf das vorgestellte Buch neugierig geworden sind („Ich bin neugierig auf dein Buch geworden, weil …"). Darüber hinaus kann eine Rückmeldung auch mittels kleiner Karteikarten erfolgen, die in einem Briefumschlag auf der Rückseite des Lapbook gesammelt werden.

AUSBLICK

Für den weiteren Verbleib wurden die Lapbooks in der Schulbücherei ausgestellt, um während der Büchereistunde als Buchempfehlung andere Kinder zum Lesen des Buches zu verlocken. Der Einsatz der Lapbooks ist auch in höheren Klassenstufen möglich, da viele Differenzierungsmöglichkeiten bezüglich Ausführlichkeit und Interessensschwerpunkt gegeben sind, das Lapbook individuell zu gestalten und zu erweitern. Eine gute Verzahnung bietet sich auch mit dem Kunst- und Sachunterricht zu vielen Themen und Projekten an. ■

LITERATUR

Bertschi-Kaufmann, A.: Das Lesetagebuch. Anregungen für alle Schulstufen. In: Die Grundschulzeitschrift, Heft 165/ 166–2003, S. 22–23

Claussen, C.: Bilderbücher in der Grundschule …? In: Die Grundschulzeitschrift, Heft 153–2002, S. 8–11

Niemann, H.: Ohne Bilderbücher geht es nicht. In: Grundschule Deutsch, Heft 21–2009, S. 4–5

Yates, L.: Von Hunden und Büchern. Hildesheim 2010

Bastelvorlage: Klappdiamant

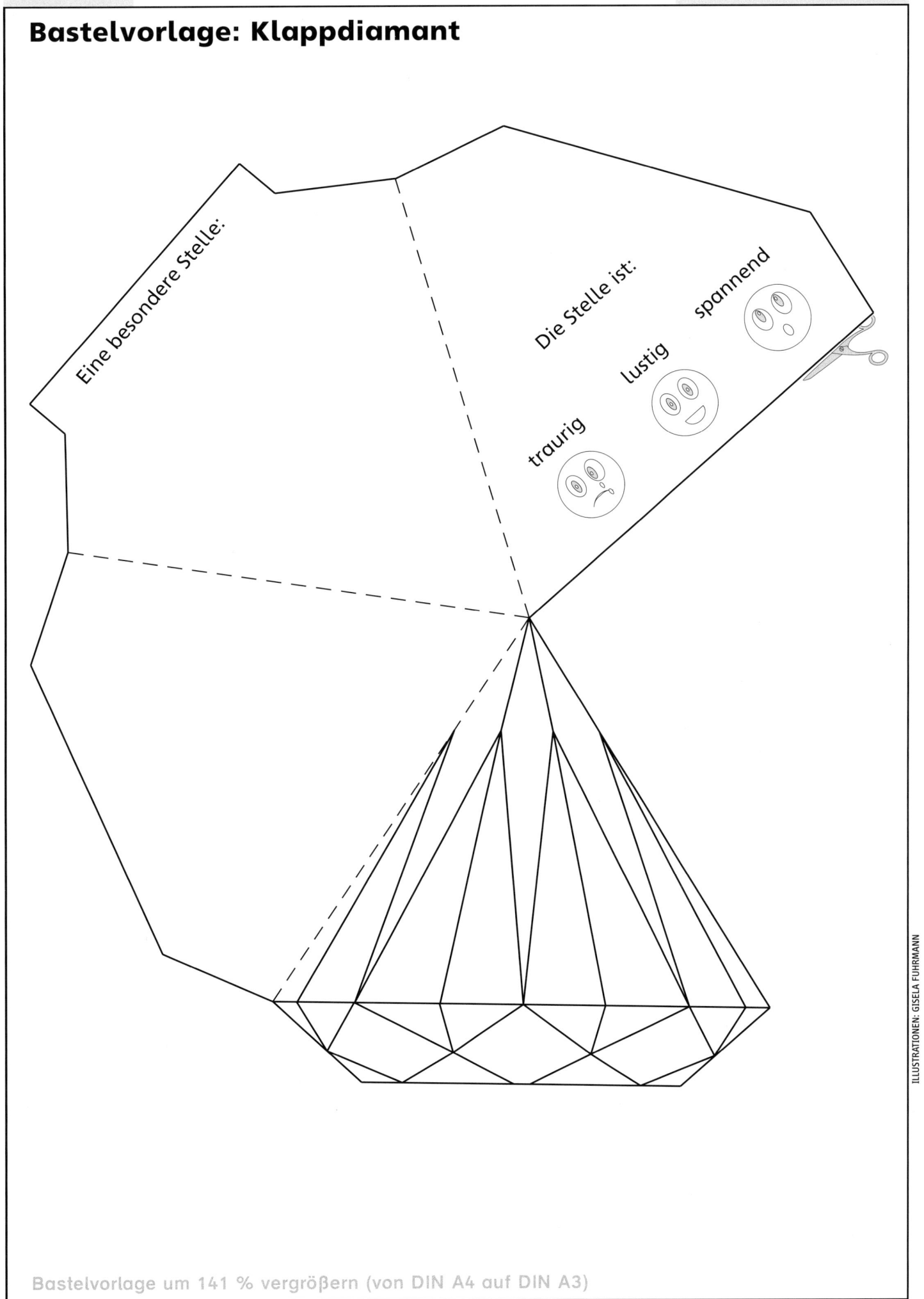

Eine besondere Stelle:

Die Stelle ist:

traurig lustig spannend

ILLUSTRATIONEN: GISELA FUHRMANN

Bastelvorlage um 141 % vergrößern (von DIN A4 auf DIN A3)

Bastelvorlage: Drehscheibe

obere Scheibe

untere Scheibe

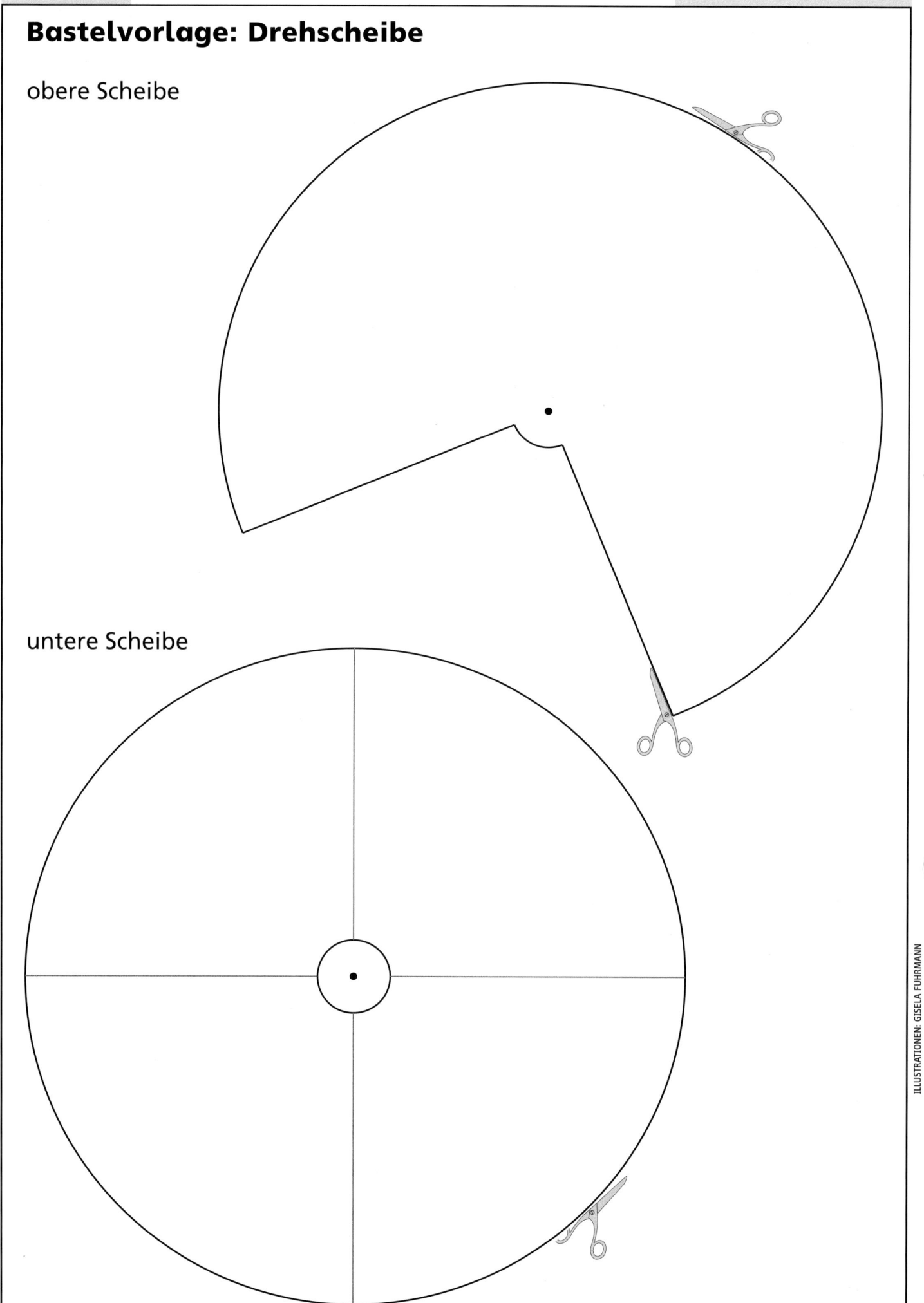

ILLUSTRATIONEN: GISELA FUHRMANN

Bastelanleitung: Klappdiamant

1. Klappdiamant ausschneiden.

2. Klappen entlang der gestrichelten Linien in die Mitte falten.

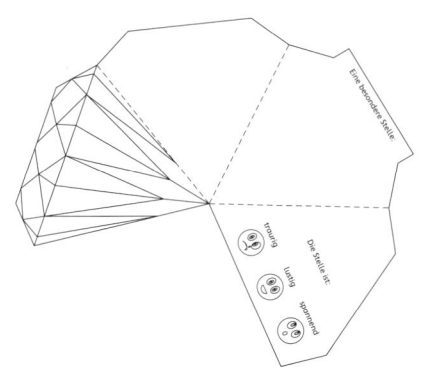

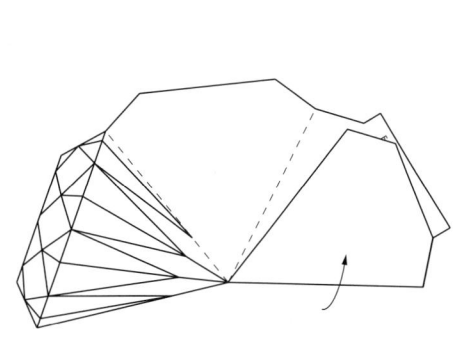

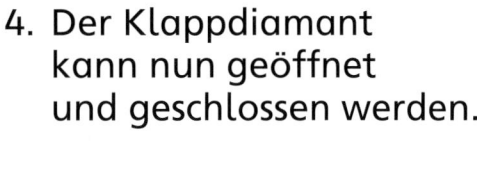

3. Diamantklappe nach vorne falten und festkleben.

4. Der Klappdiamant kann nun geöffnet und geschlossen werden.

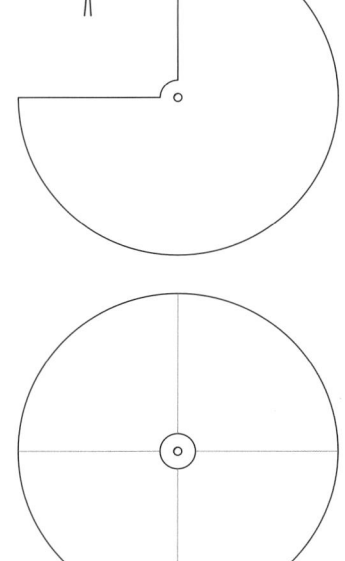

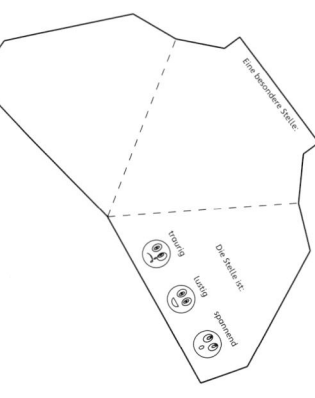

Bastelanleitung: Drehscheibe

1. Obere und untere Drehscheibe ausschneiden.
   In der Mitte der Scheiben ein kleines Loch stechen.

2. Scheiben mit einer Musterbeutelklammer zusammenstecken.

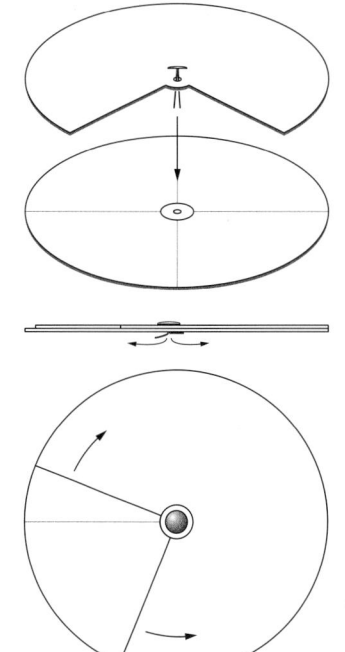

Bastelvorlage:
Runde Klappkarte

Klappkarte
ausschneiden
und in der Mitte
falten.

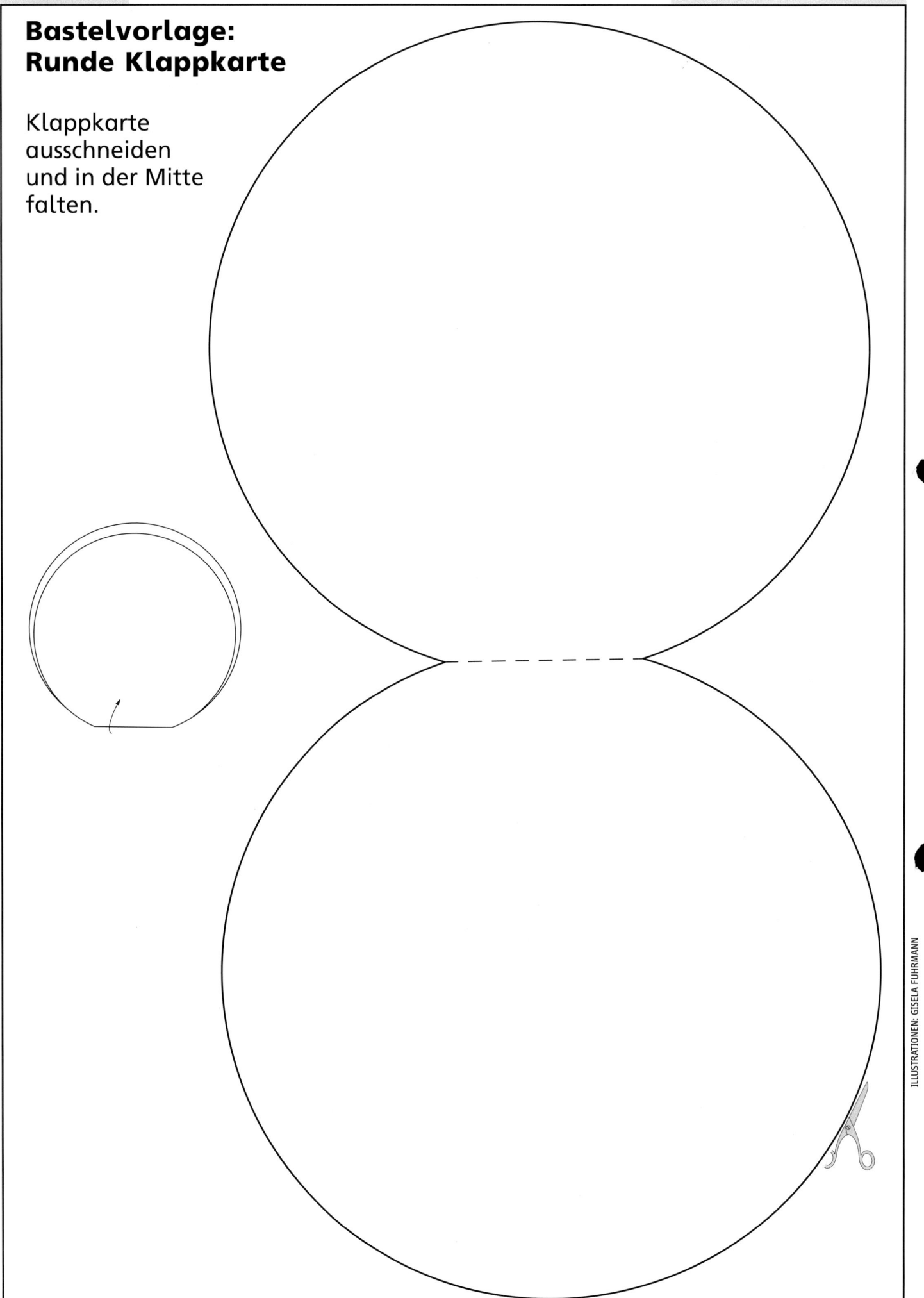

ILLUSTRATIONEN: GISELA FUHRMANN

Bastelvorlage: Eckige Klappkarte

Klappkarte
ausschneiden
und in der Mitte
falten.

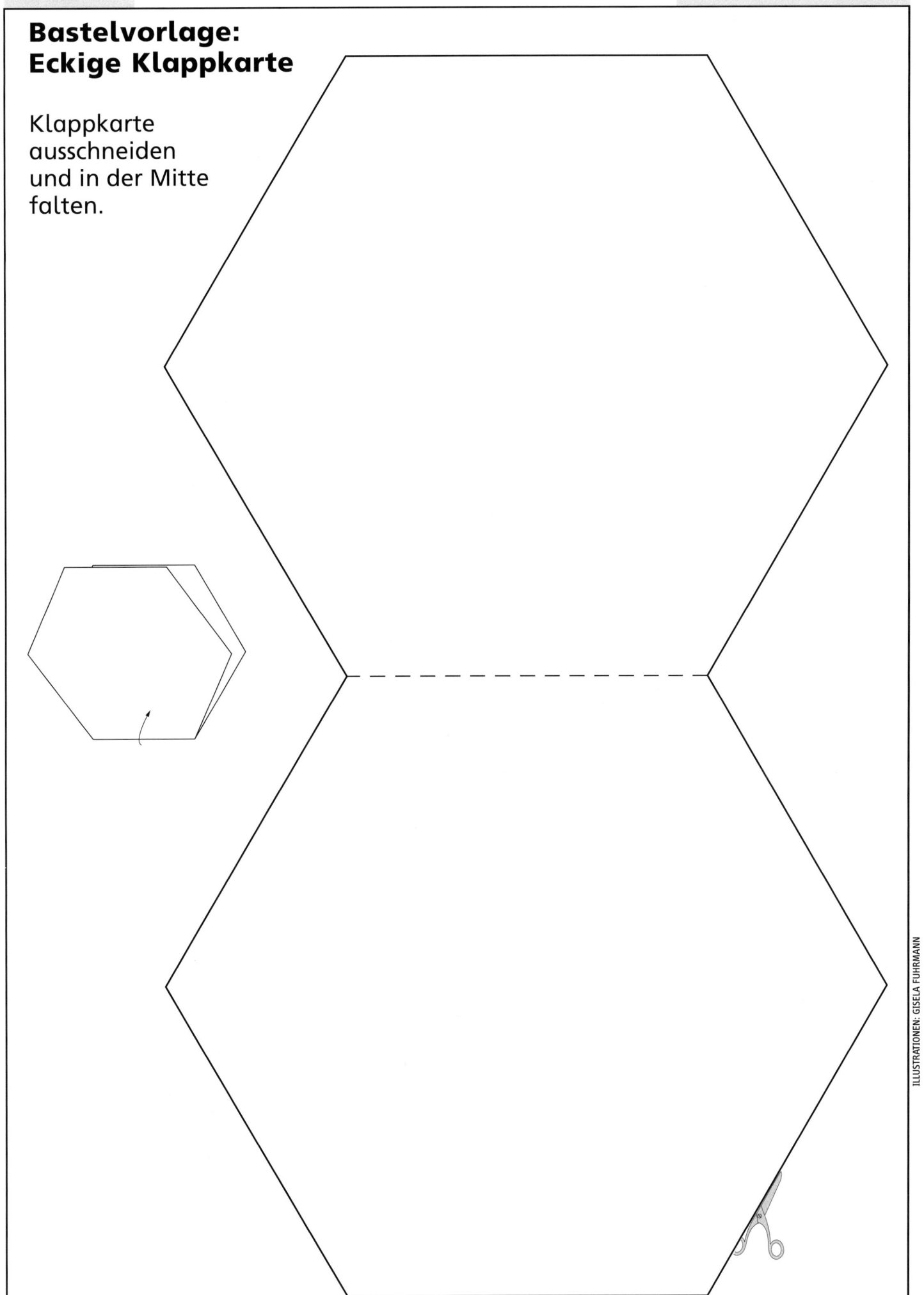

ILLUSTRATIONEN: GISELA FUHRMANN

Bastelvorlage: Klappenkarte

1. Klappenkarte ausschneiden und in der Mitte falten.
2. Karte aufklappen und entlang der Linien bis zur Mitte einschneiden.
3. Die Klappen können einzeln geöffnet und geschlossen werden.

ILLUSTRATIONEN: GISELA FUHRMANN

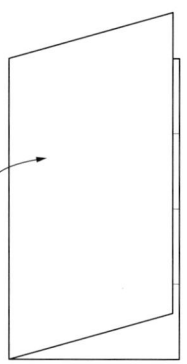

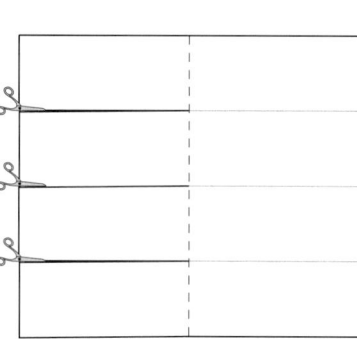

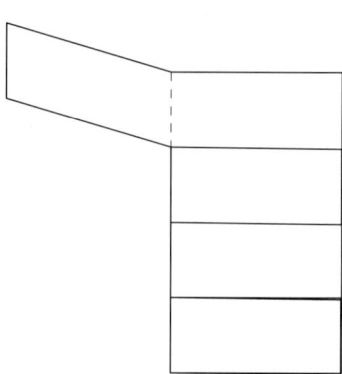

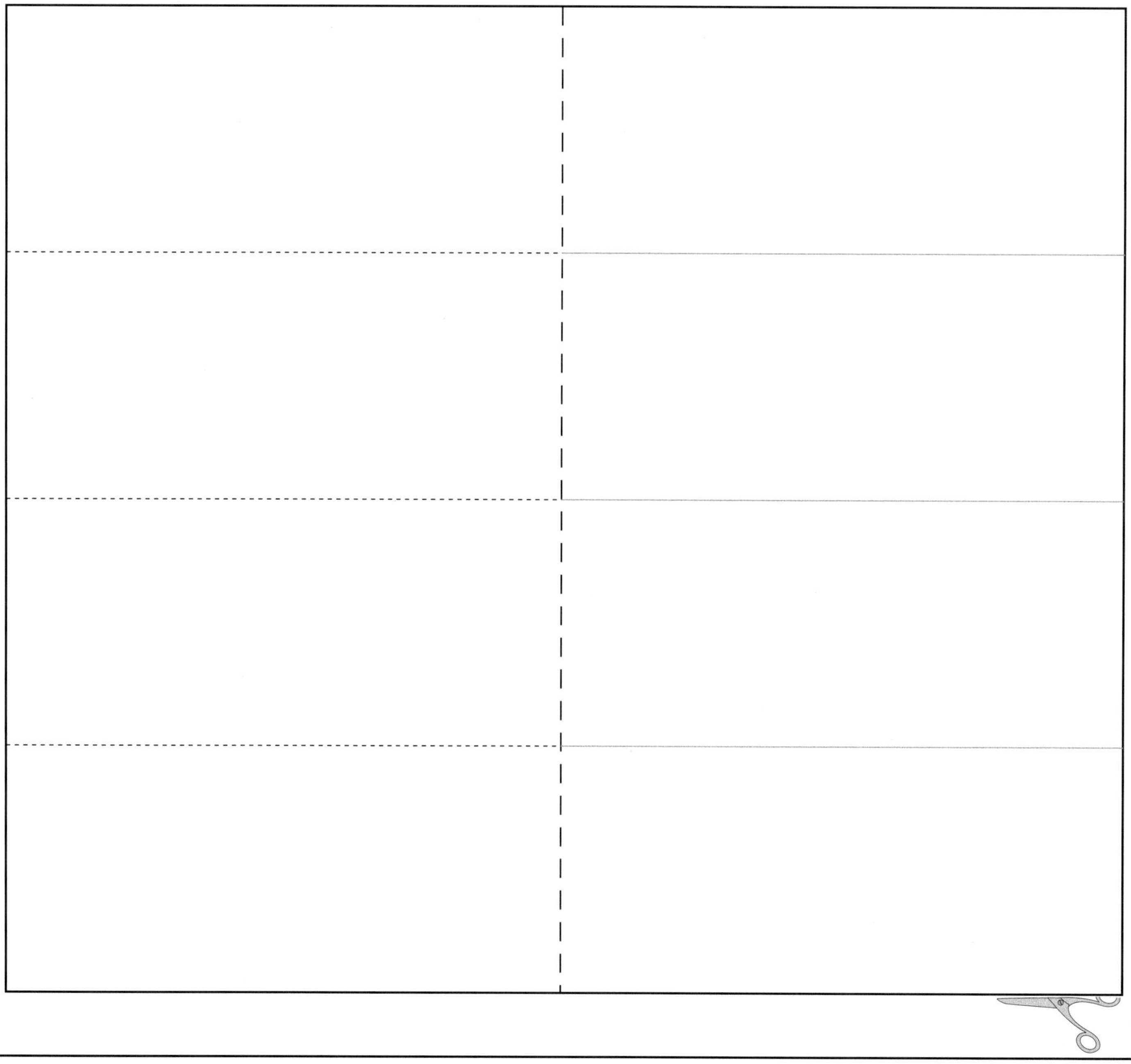

Eine Pop-up-Karte basteln

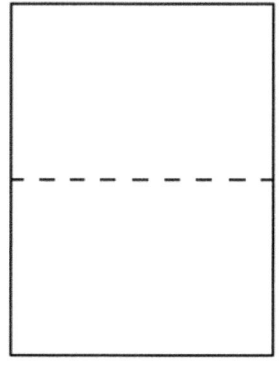 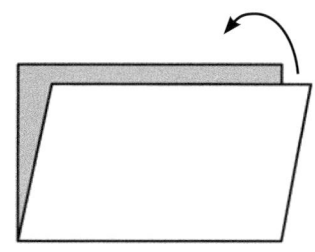 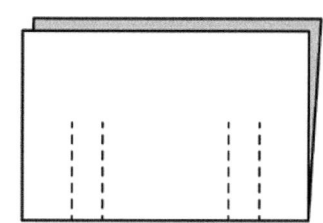

1. Kartonbogen in der Mitte falten.

2. An der geschlossenen Seite einschneiden.

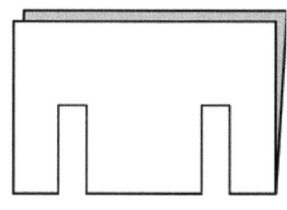

3. Eingeschnittene Streifen nach innen schieben. Streifen innen umknicken.

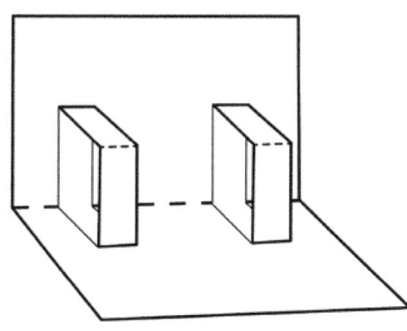 

4. Karte aufklappen. Die Laschen stehen nach vorne.

5. Figuren auf Karton zeichnen und ausschneiden.

6. Figuren auf die Laschen in der Karte kleben.

7. Beschreibungen zu den Figuren auf Zettel schreiben und in die Karte kleben.

Zahlen kennenlernen

Wir basteln eine mathematische Wanddekoration

VON TINA HUMM

Im Rahmen eines Mathematikprojektes haben die Kinder die jeweils eingeführte Ziffer als Wandschmuck gestaltet. Dabei werden verschiedene mathematische Inhalte angesprochen und miteinander verbunden. Unabhängig von einem Projekt ist dies eine reizvolle Aufgabe während der Einführung der Zahlen.

Nach der Einführung der Ziffern und zur vertieften Auseinandersetzung mit den neuen Zahlen basteln die Schülerinnen und Schüler in Gruppen große Wanddekorationen. Die jeweilige Ziffer wird zunächst auf einen Bogen Tonkarton (50 x 70 cm) aufgezeichnet und ausgeschnitten.

Die in einer Gruppe entstandenen Zahlen.

FOTO: TINA HUMM

GESTALTUNGSIDEEN

Zur anschließenden Ausgestaltung gibt es folgende Möglichkeiten:

- 1: Die Kinder schneiden verschiedene Einsen aus Werbeprospekten aus und kleben sie auf die große 1.
- 2: die Kinder erstellen selbst Memorykarten (evtl. zu einem bestimmten Thema) und kleben sie in die große 2 (Vorlage siehe S. 51).
- 3: Die Kinder zeichnen mit Schablonen Dreiecke in verschiedenen Farben, schneiden sie aus und kleben sie auf die 3 (Vorlage siehe S. 51).
- 4: Die Kinder zeichnen mit Schablonen Quadrate in verschiedenen Farben, schneiden sie aus und kleben sie auf die 4 (Vorlage siehe S. 51).
- 5: Die Kinder zeichnen je eine Hand von sich auf ein Blatt, malen sie an, schneiden sie aus und kleben sie auf die 5.
- 6: Die Kinder erstellen Muster aus 6 x 6 bunten Kästchen und kleben diese auf die 6 (Vorlage siehe S. 52).
- 7: die Kinder erstellen Zahlenhäuser zur Zerlegung der 7 und kleben diese auf die 7 (Vorlage siehe S. 52).
- 8: Die Kinder bekommen eine Schablone einer halben Blüte mit vier Blättern. Sie übertragen diese auf ein zur Hälfte gefaltetes Papier und erhalten eine Blüte mit acht Blättern, die sie auf die 8 kleben (Vorlage siehe S. 52).
- 9: Die Kinder erstellen Muster aus 9 x 9 bunten Kästchen und kleben diese auf die 9 (Vorlage siehe S. 52).
- 10: Die Kinder zeichnen ihre beiden Füße auf ein Blatt, malen sie an, schneiden sie aus und kleben sie auf die 10.

AUSBLICK

Die entstandenen Zahlen sind durch ihre Größe und durch die Gestaltung der Kinder sehr dekorativ. Sie können über einen langen Zeitraum im Klassenraum oder auf dem Flur der Erstklässler aufgehängt werden. Neben den positiven sozialen Aspekten der Gruppenarbeit setzen sich die Kinder mit den Zahlen, deren zugehörigen Mengen, Farben, Mustern, Symmetrie, geometrischen Formen und Figuren sowie arithmetischen Inhalten auseinander. |

Zahlen mit Inhalt füllen

Schablonen für Partnersuchkarten (Zahl 2)

Schablonen für Dreiecke (Zahl 3)

Schablonen für Quadrate (Zahl 4)

Für Muster (Zahl 6)

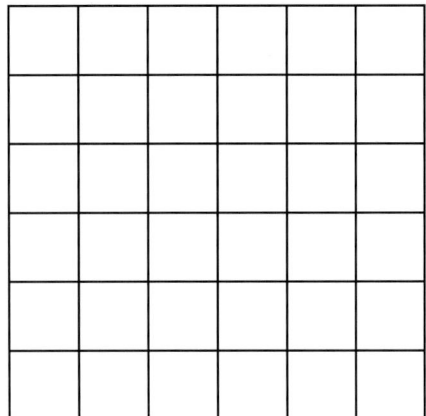

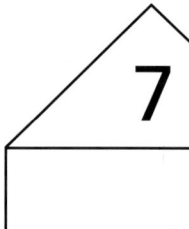

Zahlenhaus (Zahl 7)

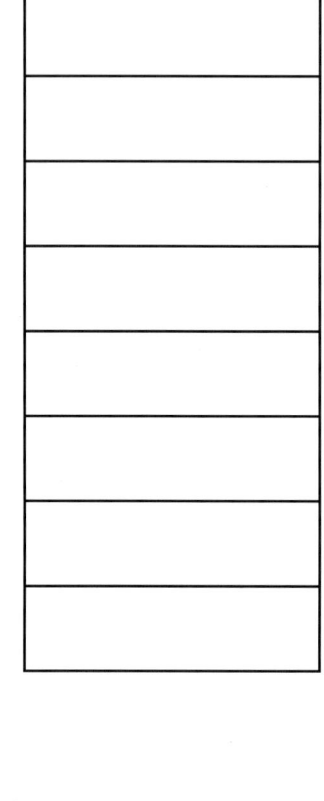

Schablone (Zahl 8)

Für Muster (Zahl 9)

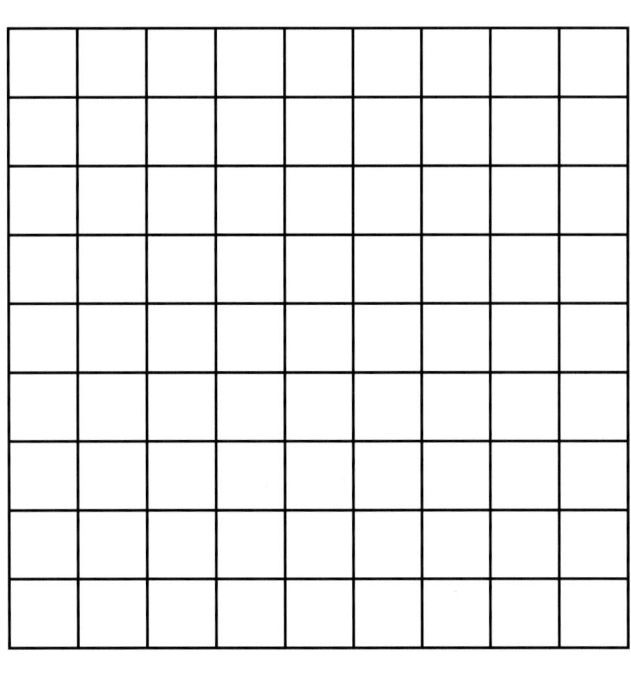

ILLUSTRATIONEN: O.WEISS.COM

Achtibald der Zwerg

Zahlenmärchen für den Anfangsunterricht

Weitere Zahlenmärchen von Gudrun Seifert-Kneer finden Sie in:
- Praxis Grundschule 4/2000: Die Elfos, Seite 46–49
- Praxis Grundschule 5/2000: Die schöne Zwölfia, Seite 34–37

Zahlenmärchen bieten vielfältige Möglichkeiten, die verschiedenen Zahlaspekte (z. B. kardinaler und ordinaler Aspekt, Rechenaspekt, Ziffer) handlungsorientiert zu erarbeiten. Hier ein Märchen zur Einführung der Zahl Acht.

VON GUDRUN SEIFERT-KNEER

Zahlenmärchen fesseln die Kinder und motivieren sie. Denn Geschichten sprechen ihre Fantasie an, bieten Identifikationsmöglichkeiten, wenden sich an ihr Gefühl. Die Kinder hören gespannt zu und kommen später oft auf den Inhalt des Erzählten zurück – indem sie wieder von den Erlebnissen der Hauptpersonen sprechen, indem sie die Geschichte nachspielen oder Bilder dazu malen.

Auf Grund der positiven Erfahrungen, die ich mit dem Zahlenmärchen zur Sieben von Elisabeth Bohlen (1991, 1992) gemacht hatte, dachte ich mir eigene Märchen zur Einführung der Acht, der Elf und der Zwölf aus, die ebenfalls im Zahlenreich der Zahlenkönigin Num spielen. Bei jedem Märchen klingt im Namen der Hauptperson an, um welche Zahl es geht: Achtibald, die Elfos und Zwölfia.

Die Einführung jeder Zahl nimmt etwa eine Doppelstunde in Anspruch. Dem Entwicklungsstand der Schüler entsprechend werden Elemente aus Spiel, Bewegung, Wahrnehmung, Erleben und Gestalten in die Unterrichtseinheiten integriert, die damit Aspekte ganzheitlicher Förderung verwirklichen. Inhaltlich geht es in diesen Stunden vorrangig um die Erweiterung des Zahlenraums (Mündliches Zählen, Rückwärtszählen, Zahlenfolgen, Ergänzen von Lücken in Zahlenfolgen, Zahlenvergleich, Ordnungszahlen, Zahlen schreiben) und noch nicht so sehr um das Rechnen in diesem Zahlenraum. Die Unterrichtsphasen, in denen mit einer Lerntheke oder an Lernstationen gearbeitet wird, dienen dem sozialen Lernen und dem Ziel, sich in Kooperationsbereitschaft und Selbstständigkeit zu üben.

EIN MÄRCHEN ÜBER DIE ACHT

Die Lehrerin erzählt das Zahlenmärchen von Achtibald (siehe S. 54), bis zu der Stelle, an der Achtibald ein Bild von der Acht in sein Zimmer hängt. Die Lehrerin zeigt ein Plakat, auf dem die Zahl zu sehen ist und befestigt es an der Tafel oder an einer anderen geeigneten Stelle im Klassenzimmer (Visualisieren der eingeführten Zahl).

Dann erzählt sie weiter, bis zu Achtibalds Entschluss, jeden Tag acht Nüsse und acht Teller Suppe zu essen. Die Kinder holen (evtl. in Partnerarbeit) jeweils acht Nüsse und acht Nussschalenhälften und „decken den Tisch" mit acht Nüssen und acht „Tellern". Um den Überblick beim Zählen zu behalten, benutzt Achtibald beim Essen der Suppe immer wieder einen neuen Teller, statt achtmal den gleichen Teller zu füllen. An einigen Tischen zählt die Klasse dann im Chor nach, ob richtig „gedeckt" wurde (kardinaler Aspekt). Darauf folgt das Ende des Märchens.

Nun schließen sich verschiedene Übungen an. Zuerst schreiben alle die Zahl mit dem Arm in die Luft (die Lehrerin steht beim Vormachen des Bewegungsablaufs mit dem Rücken zur Klasse). Dann wird der Bewegungsablauf mithilfe einer rollenden Nuss dargestellt. Dazu sitzen die Kinder mit angezogenen Beinen am Boden, sodass Ober- und Unterschenkel einen „Tunnel" bilden. Jeder rollt seine Nuss durch diesen Tunnel, um die Füße, durch den Tunnel, um die Sitzfläche und zurück zum Tunnel. So entsteht eine Achterform. Wer das gut kann, versucht es mit geschlossenen Augen (vgl. Regelein 1989, S. 30).

Weitere Übungen machen die Schüler an verschiedenen Stationen und haken erledigte Aufgaben auf einem Laufzettel ab. Es ist hilfreich, wenn die Schüler die Spiele in abgewandelter Form schon in Übungsphasen zu den zuvor eingeführten Zahlen gespielt haben, sodass sie nicht erst auf das Erklären der Spielregel angewiesen sind.

- Arbeitsblatt „Achtibald geht im Wald spazieren" (siehe S. 55): Das Schreiben der Ziffer 8 wird geübt.
- Arbeitsblatt „Achtibalds Mahlzeit" (siehe S. 56): Hier werden der kardinale und der ordinale Zahlaspekt geübt.
- Lotto: Bei einer bestimmten Anzahl von abgebildeten Nüssen (Tellern, Löffeln, Bäumen) soll die dazugehörige Zahl angelegt werden. In der anspruchsvolleren Version wird an mit Nüssen dargestellten Additions- und Subtraktionsaufgaben

(Rechenaspekt) das entsprechende Ergebnis gelegt.

- Karten mit den Zahlen von 0 bis 8 werden ungeordnet auf den Boden geklebt. Die Kinder hüpfen in der richtigen Reihenfolge von Zahl zu Zahl – erst vorwärts (von 0 bis 8), dann rückwärts. Es können auch Aufgaben gestellt werden, z. B.: „Hüpfe zu der Zahl, die nach 5 kommt!", „Springe nun zu der Zahl, die vor 3 kommt!"
- Partneraufgabe: Ein Kind füllt bis zu acht Nüsse in das Tastsäckchen. Das andere versucht, die Anzahl zu erfühlen. Dann wird nachgezählt.
- Spiel „Wo ist die Nuss versteckt?" (ordinaler Zahlaspekt): Acht auf dem Boden nummerierte Pappbecher werden umgedreht in einer Reihe aufgestellt. Während die Schülerinnen und Schüler die Augen schließen, wird unter einem Becher eine Nuss versteckt. Die Kinder öffnen ihre Augen und fangen an zu raten: „Ist die Nuss unter dem fünften Becher?" – „Nein, sie ist weiter weg als der fünfte Becher." – „Ist die Nuss unter dem siebten Becher?" – „Nein, sie ist näher als der siebte Becher." – „Ist die Nuss unter dem sechsten Becher?" Nun darf ein Kind den sechsten Becher hochheben und findet die Nuss (vgl. Kaye 1987, S. 52).

Die Unterrichtseinheit wird im Stuhlkreis abgeschlossen. Die Kinder können ihre Arbeitsergebnisse vorzeigen und von ihren Erfahrungen beim Bearbeiten der Aufgabenstellungen berichten. ∎

LITERATUR

Bohlen, E.: Die Sieben – Handlungsorientierter Mathematikunterricht. In: Praxis Grundschule, Heft 6/1991, S. 39–43

Bohlen, E.: Die Sieben (2. Teil). In: Praxis Grundschule, Heft 4/1992, S. 47–53

Förster, B.: Ein Zahlenmärchen. Fortsetzung des Märchens „Die Sieben". In: Praxis Grundschule, Heft 4/1994, S. 49–51

Heirighoff, M.: Die „Wilde 13" entführt die Zahlenkönigin „Num". In: Praxis Grundschule, Heft 2/1994

Kaye, P.: Games for Math – Playful ways to help your child learn math. New York 1987

Regelein, S.: Lernspiele im Mathematikunterricht. Neue Lernspiele für die Grundschule. München 1989

Achtibald der Zwerg

Es war einmal ein
winzig kleiner Zwerg,
der lebte im Zahlenreich
der Zahlenkönigin Num.
Dieser kleine, ja winzig kleine Zwerg
hieß Achtibald.
Achtibald wohnte
ganz tief im Wald.
Er hatte eine einfache Hütte
aus Holz,
sein Bettchen war aus Holz und
auch seine Tellerchen
waren aus Holz.
Zu essen gab es bei ihm immer
Nüsse und Suppe.

Als Achtibald acht Jahre alt war,
lernte er das Zählen.
Deshalb ist 8 seine Lieblingszahl.
Und weil ihm die 8 so gut gefiel,
hängte er ein Bild mit einer 8
in seiner Stube auf.

Leider war der Zwerg Achtibald oft
sehr, sehr traurig.
Dann war er so unglücklich,
dass er nicht einmal mehr Lust hatte,
sich in seine Hängematte zu legen
und ein bisschen zu träumen.
Das machte er nämlich
sonst sehr gerne.
Doch immer wieder fühlte sich
Achtibald zutiefst verzweifelt.
Und wisst ihr warum?

Zu seinem gößten Kummer
war Achtibald nämlich
superminiwinzigklein.
Er war so klein,
dass andere ihn oft übersahen,
wenn sie nicht aufpassten.
Deshalb wollte der Zwerg
unbedingt wachsen.
Also dachte Achtibald sich
folgenden Plan aus:
Er würde jeden Tag ganz viel essen,
dann würde er bestimmt
groß und stark werden.
Und so aß Achtibald jeden Tag
acht Nüsse und acht Teller Suppe,
denn 8 war ja seine Lieblingszahl.

Nachdem Achtibald
acht Jahre lang jeden Tag
acht Nüsse und acht Teller Suppe
gegessen hatte,
fing er endlich an zu wachsen.
Er wurde richtig groß.
So lebte er glücklich und zufrieden
und die 8 blieb immer
seine Lieblingszahl.

ILLUSTRATIONEN: HORST DIETER ADLER

Achtibald geht im Wald spazieren

Male
die 8
farbig
nach.

Wo ist
die 8
versteckt?
Male sie
nach.

Schreibe
die 8.

8	8								

ILLUSTRATIONEN: HORST DIETER ADLER

Achtibalds Mahlzeit

Welcher
Tisch ist für
Achtibald
gedeckt?
Kreise den
richtigen
Tisch ein
und streiche
die falschen
durch.

Zeichne
so viele
Nüsse dazu,
dass in
jedem Feld
8 Nüsse
liegen.

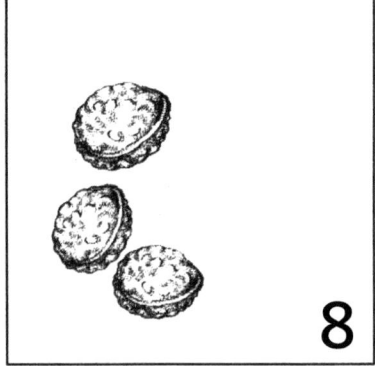 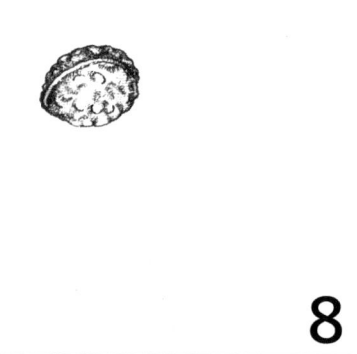 

8   8   8

Welche Zahl
gehört zu
welchem
Bild?
Verbinde!

Kreise
immer
8 Nüsse
ein.

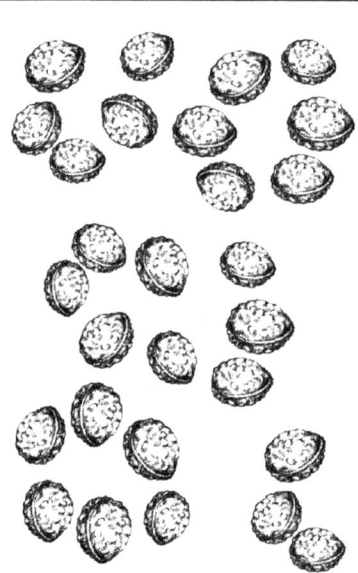

4

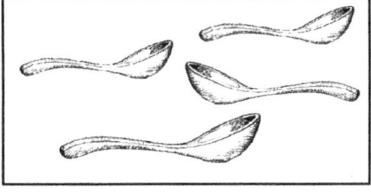

6

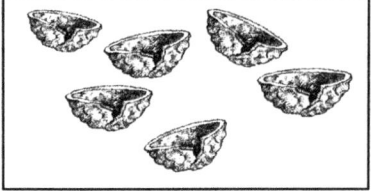

8

Zähle die Nüsse
und trage die
jeweilige Zahl ein.

☐ ☐ ☐ ☐ ☐ ☐ ☐ 8.

ILLUSTRATIONEN: HORST DIETER ADLER

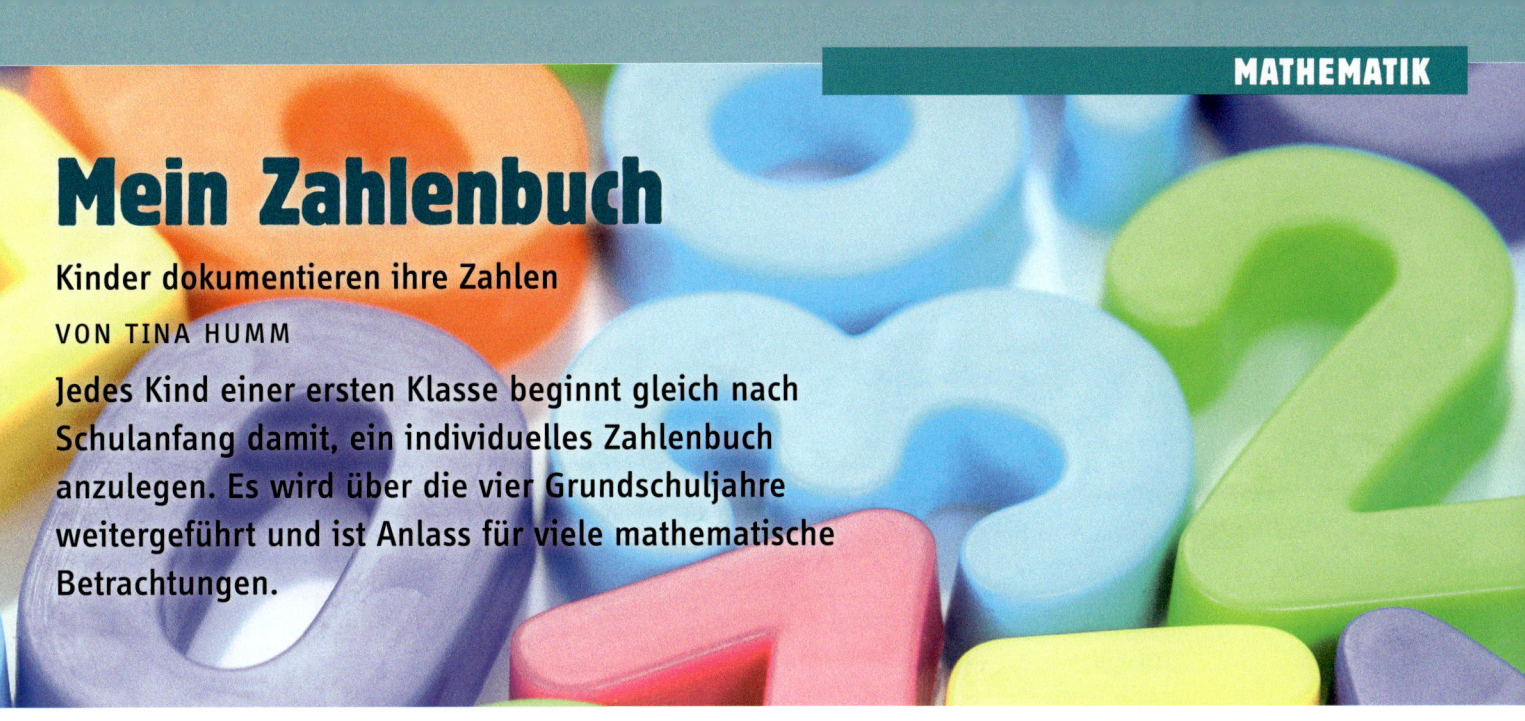

Mein Zahlenbuch

Kinder dokumentieren ihre Zahlen

VON TINA HUMM

Jedes Kind einer ersten Klasse beginnt gleich nach Schulanfang damit, ein individuelles Zahlenbuch anzulegen. Es wird über die vier Grundschuljahre weitergeführt und ist Anlass für viele mathematische Betrachtungen.

Daten aus der Umwelt zu gewinnen, ist eine grundlegende mathematische Fähigkeit, die Kinder in ihrer Grundschulzeit erlernen müssen. Zu Beginn des ersten Schuljahres bietet es sich an, Daten zu sammeln, die für die Kinder bei Schuleintritt bedeutungsvoll sind. Das Sammeln dieser Daten dient der Wirklichkeitserschließung; Zahlvorstellungen werden vertieft und der Aspektreichtum der Zahlen ins Bewusstsein gerückt. Deshalb entschloss ich mich, mit Kindern ein Zahlenbuch zu entwickeln. Jedes Kind sollte sein persönliches Dokument erstellen. Die Entwicklung der Zahlenbücher wollte ich durch die äußere Form unterstützen. Die Kinder sollten beobachten, wie ihr Buch wächst. Es sollte über vier Schuljahre hinweg ergänzbar und in der Herstellung stabil sein.

DIE ÄUSSERE FORM

Um die Seiten für das Buch sammeln zu können, stellten wir den Buchumschlag her, der als Sammelmappe dienen sollte. Er wurde aus Wellpappe gefaltet und von innen mit einem Heftstreifen versehen. Der Buchdeckel wurde unterhalb der Ecken eingeschnitten, um dort das Titelblatt (siehe **M 30**, S. 59) einstecken und von hinten festkleben zu können (siehe Abb. 2, S. 58). Das Titelblatt, das später laminiert wurde, schmückten die Kinder mit bunten und zum Teil schon strukturierten Zahlenmustern, die sie ihren Mitschülern präsentierten und erläuterten. Alternativ kann statt Wellpappe Tonkarton verwendet oder ein Schnellhefter der Größe DIN A5 genutzt werden.

WAS SOLL IN DEN BÜCHERN STEHEN?

Nach den vorbereitenden Arbeiten überlegten wir, welche Zahlen wir in unsere Zahlenbücher schreiben wollten und wo wir sie finden können. Wir kamen zu den in Abb. 1 dargestellten Ergebnissen.

Für jede zu dokumentierende Zahl stand den Kindern ein gelochtes weißes DIN A5-Blatt zur Verfügung. Die einzige Vorgabe war, das Blatt so zu gestalten, dass die Zahl und ihre Bedeutung klar zu erkennen sind. Die Kinder, die erst einige Wochen in der Schule waren, lösten dieses Problem, indem sie entweder die Anlauttabelle zu Hilfe nahmen, die entsprechende Tafelanschrift, wie z. B. die beiden Wörter „Meine Telefonnummer", abschrieben oder zu der Zahl ein Bild oder Symbol malten, das die Zahl mit Inhalt füllte.

Um die Bearbeitung der Aufgaben zu unterstützen, wurden Expertengruppen gebildet. Sie sollten der erste Ansprechpartner für die Kinder bei Fragen und Problemen sein. Jedes Kind gehörte einer Expertengruppe an und wurde durch einen farbigen Ausweis kenntlich gemacht. Es gab Experten zum Wiegen und zum Messen, zum Ermitteln der Schuhgröße und solche, die dabei halfen, sich in der Klassenliste und am Geburtstagskalender zurechtzufinden.

Welche Zahl?	Wie kann ich diese Zahl ermitteln?
Mein Alter	Weiß ich
Mein Geburtsdatum	Geburtstagskalender, Klassenliste
Meine Lieblingszahl(en)	Weiß ich
Meine Telefonnummer	Weiß ich, evtl. Klassenliste
Die Telefonnummern meiner Freunde	Freunde fragen, Klassenliste
Meine Größe	Messleiste, mit einem Partner
Mein Gewicht	Waage, mit einem Partner
Meine Hausnummer	Weiß ich, evtl. Klassenliste
Meine Schuhgröße	Messen auf Pappfuß, mit einem Partner

Abb. 1

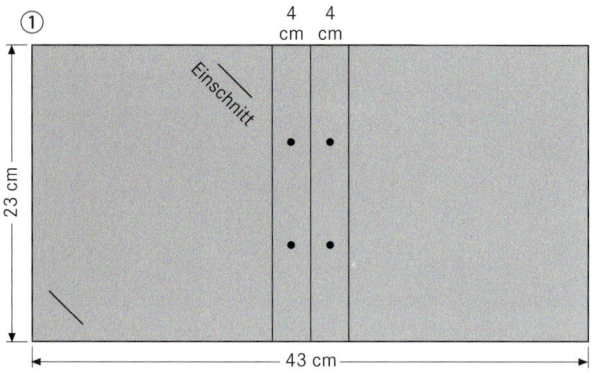

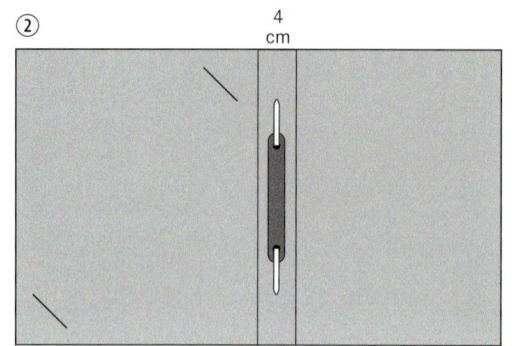

Abb. 2

DIE ARBEIT AN DEN STATIONEN

Die Kinder arbeiteten bei einigen Aufgaben in Partnerarbeit, andere Aufgaben und die eigentliche Dokumentation wurden allein erledigt. Alle Aufgaben wurden als Stationen angeboten.

Meine Größe

Die Kinder ermittelten in Partnerarbeit an einer Messleiste ihre Größe. Die Experten gaben Hinweise, wie z. B. das Ausziehen der Schuhe, oder halfen beim richtigen Ablesen.

Mein Gewicht

Ebenfalls in Partnerarbeit ermittelten die Schülerinnen und Schüler ihr Gewicht. Expertentipps gab es hinsichtlich der Schuhe und beim Ablesen.

Meine Schuhgröße

Ein Kind stellte seinen Fuß auf einen Pappfuß mit einer Skala für die Schuhgröße; der Partner hatte die Aufgabe, diesen so zu markieren, dass er später in richtiger Größe ausgeschnitten und aufgeklebt werden konnte. Die Experten achteten auch auf das richtige Aufsetzen der Füße.

Die Telefonnummern meiner Freunde

Jedes Kind war mit einer DIN A5-Vorlage (siehe **M 30**, S. 59) für eine Telefonliste in der Klasse unterwegs und hatte so die Möglichkeit, alle Kinder anzusprechen, von denen es die Telefonnummer notieren wollte. Diese diktierten ihre Nummer und die schreibenden Kinder erledigten ganz nebenbei sowohl ein Zahlendiktat als auch einen Ziffernschreibkurs.

Die Stationen Hausnummer, Geburtsdatum, Alter und Lieblingszahlen lösten die Kinder in Einzelarbeit; beim Ablesen aus der Klassenliste halfen die jeweiligen Experten, falls dies nötig war.

Am Ende jeder Stunde, in der die Kinder an ihren Büchern gearbeitet hatten, präsentierten einige Kinder im Stuhlkreis eine besonders schöne Seite. Außerdem tauschten sich die Kinder über ihre Arbeit und eventuelle Probleme aus.

WEITERFÜHRENDE FRAGESTELLUNGEN

Als alle Zahlenbücher fertig gestellt waren, nutzten wir einige Daten, um sie innerhalb des Klassenverbandes übersichtlich darzustellen und daraus Fragen zu entwickeln. Interessant war dabei die Auflistung aller Körpergrößen. Die Kinder formulierten daraus Fragen wie „Wer ist der bzw. die Größte in unserer Klasse?", „Wer ist der bzw. die Kleinste in unseren Klasse?", „Welche Kinder sind gleich groß?" Auch Beobachtungen hinsichtlich der Geburtsdaten können spannend sein. „In welchem Monat haben die meisten Kinder Geburtstag?", „In welcher Jahreszeit haben nur wenige Kinder Geburtstag?", „Welche Kinder haben kurz nacheinander Geburtstag?" usw.

Diese gemeinsamen Beobachtungen und Besprechungen bildeten den Abschluss unserer Unterrichtsreihe.

Nachdem auch den Eltern die Zahlenbücher gezeigt worden waren, standen sie im Klassenraum zum Blättern und Ansehen zur Verfügung.

WIEDERAUFNAHME DER ARBEIT

Zu Beginn des zweiten Schuljahres war klar, die Arbeit an den Büchern wieder aufzunehmen. Die erste Überlegung war dann: „Welche Zahlen müssen wir neu ermitteln und dokumentieren, weil sie sich verändert haben?"

Es konnte sofort wieder eingestiegen werden ins Messen, Wiegen und Pappfüße-Ausschneiden. Die Telefonnummern und Hausnummern waren bei allen Kindern gleich geblieben, nur aus den Lieblingszahlen waren zum Teil lange Lieblingsaufgaben geworden, die natürlich verschriftlicht werden mussten.

Innerhalb einer Woche hatten die Kinder dann völlig selbstständig das zweite Kapitel ihres Buches fertig gestellt, und wieder stand eine Auswertung an.

Zu diesem Zeitpunkt entwickelten sich komplexere Fragestellungen aus der Arbeit mit der erstellten Klassentabelle: „Wer ist am meisten gewachsen?", „Wer ist jetzt der bzw. die Größte?", „Welche Kinder sind um gleich viele cm größer geworden?" Hierbei musste neben dem Blick auf die neue Tabelle auch die Tabelle aus dem ersten Schuljahr beachtet werden.

Nach der Grundschulzeit zeigt das Zahlenbuch im Hinblick auf die Klassentabelle dann Fragen auf, die eine Auswertung über vier Jahre ermöglichen: „Um wie viele cm ist jeder Einzelne gewachsen?", „Wer ist in welchem Jahr besonders viel gewachsen?" ...

Zusätzlich ist das Zahlenbuch nach vier Jahren für Kinder und Eltern einfach eine schöne, wertvolle und individuelle Erinnerung an die Grundschulzeit. ∎

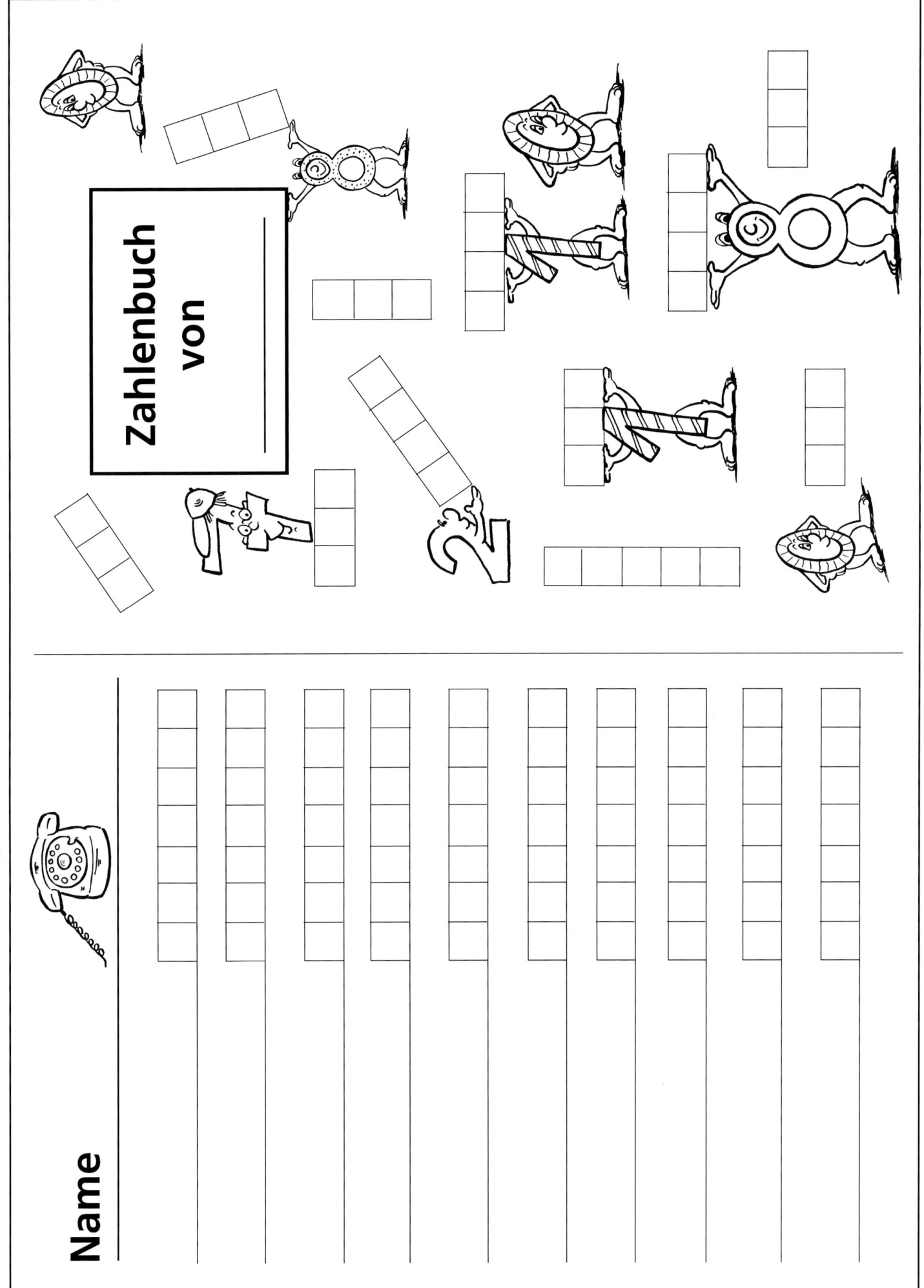

Zahlenbuch
von

Name

ILLUSTRATIONEN: CORINNA PELCH

Es fährt ein Boot nach Schangrila

Förderung arithmetischer Kompetenzen im Elementar- und Primarbereich

VON CHRISTIANE BENZ

Bilderbuchbetrachtungen sind Kindern aus dem Kindergarten vertraut. Ein Bilderbuch ist somit ein ideales Medium für die Zusammenarbeit von Primar- und Elementarbereich.

Abb. 1: Das Bilderbuch ist Grundlage der Lerneinheit.

Bilderbücher werden in Kindergarten und Grundschule häufig beim Sprach- und Leseerwerb und für verschiedene Themenbereiche der Welterschließung genutzt. Im Bereich der mathematischen Bildung werden sie seltener verwendet, dabei bieten viele Bilderbücher zahlreiche Anlässe mit Kindern in verschiedenen mathematischen Bereichen tätig zu werden (vgl. Benz 2008).

Auch bei gemeinsamen Aktivitäten mit Schul- und Kindergartenkindern kann ein Einstieg mit einem Bilderbuch ein verbindendes Element darstellen.

ZUM BILDERBUCH

In dem Bilderbuch „Es fährt ein Boot nach Schangrila" (vgl. März/Scholz 2006) wird von einer Bootsfahrt berichtet, an der das Boot „Pier 1" bis „Pier 10" anläuft und jeweils Tiere einsteigen. Während die Nummern der Piers immer um eins ansteigen, nimmt die Anzahl der Tiere immer um ein Tier ab. Bei „Pier 1" steigen zehn Zebras ein, bei „Pier 2" kommen neun Giraffen dazu, bis bei „Pier 10" ein Murmeltier einsteigt. Der Text des Bilderbuchs ist in Reimform verfasst.

Das Bilderbuch selbst eröffnet mit seiner Geschichte und den ansprechenden Illustrationen vielfältige Möglichkeiten für mathematische Aktivitäten. Die Illustrationen in Form von Wimmelbildern bieten zahlreiche Anlässe bei einer gemeinsamen Bildbetrachtung die Tiere zu zählen; versteckte Tiere können gesucht werden, ebenso der Kapitän. Seltene Wörter in den Reimen wie z. B. Pier oder Tapir sind mit den Kindern beim Vorlesen zu klären. In Verbindung mit zusätzlichem Material (siehe Abb. 2) bieten sich zahlreiche mathematische Anknüpfungspunkte.

MATHEMATISCHE INHALTE

Ordinaler Aspekt

Die aufsteigende Reihenfolge bei der Nummerierung der Piers spiegelt den ordinalen Aspekt der Zahlen wieder, hier stehen Vor- und Nachfolger der einzelnen Zahlen im Vordergrund und nicht die Menge. Der ordinale Aspekt wird bei der Darstellung der Piers mit dem kardinalen Aspekt verknüpft, indem von den zehn Vögeln, die auf jeder Doppelseite zu sehen sind, immer die entsprechende Anzahl auf bzw. über dem Zahlsymbol des Piers platziert werden.

Kardinaler Aspekt

Der kardinale Aspekt der einzelnen Zahlen wird zum einen durch die Anzahl der Vögel auf dem jeweiligen Pier illustriert und zum anderen dadurch, dass an einem Pier immer eine bestimmte Anzahl an Tieren einsteigt.

Zerlegung der Zahl Zehn

Da die zehn Vögel in den einzelnen Bildern in immer anderen Anordnungen auf dem „Pierschild" und dem Schiff sitzen, können die verschiedenen Zerlegungen der Anzahl Zehn thematisiert werden (siehe auch M 35, S. 68).

Absteigende Zahlenfolge – Rückwärtszählen

Durch die Abfolge der immer um eins abnehmenden Anzahl

SCHWERPUNKT

Klassenstufe: Elementarbereich, 1

Lerngelegenheiten:
— Zählen konkreter Gegenstände und von Abbildungen
— Anzahlen bestimmen
— Anzahlen auf verschiedene Weise darstellen
— Anzahlen zerlegen

	Problem-lösen	Kommuni-zieren	Argumen-tieren	Modell-bilden	Dar-stellen
Zahlen & Operationen	X	X	X		X
Raum & Form					
Muster & Strukturen		X	X		X
Größen & Messen					
Daten, Häufigkeit & Wahrschein-lichkeit					

der Tiere (zehn Zebras, neun Giraffen) spielt auch die ordinale Zahlenreihenfolge in Form von Rückwärtszählen eine tragende Rolle.

Anzahlbestimmung und Mengendarstellung

Die Anordnungen der Tiere auf dem Boot bietet weitere Lernanlässe im Hinblick auf die Thematik Mengendarstellung, Anzahlerfassung und -bestimmung, die sowohl im Elementar- als auch im Primarbereich eine bedeutende Rolle spielen. Durch die ungeordnete Darstellung der Tiere haben die Kinder häufig nur die Möglichkeit, die Anzahl der Tiere einzeln abzählend zu ermitteln.

Durch Bereitstellen von Material können andere Darstellungen der jeweiligen Anzahl gefunden werden, die die Anzahlerfassung und Anzahlbestimmung durch eine Struktur oder Ordnung vereinfachen können. Hier können Vorteile einer strukturierten Darstellung (auf dem eigenen Boot) gegenüber der unstrukturierten Darstellung im Bilderbuch thematisiert werden. Strukturierte Anzahldarstellungen ermöglichen eine quasi-simultane Anzahlerfassung. Dabei werden einzelne Plättchen der Menge simultan (auf einen Blick und ohne zu zählen) erfasst. Die simultan erfassten Teile der Gesamtmenge können anschließend entweder zählend oder rechnend zusammengefasst oder bereits gewusst werden.

Verdeutlichen der Teil-Ganzes-Beziehung

Durch die strukturierte Darstellung kann herausgearbeitet werden, dass eine Zahl aus verschiedenen Zahlen zusammengesetzt werden kann (Teil-Ganzes-Beziehung). Diese Eigenschaft sowie daraus entstehende Zahlbeziehungen werden in der Schule in vielfältigen Übungen zur Zahlzerlegung thematisiert.

Anspruchsvolle Additionsaufgaben

Das Bilderbuch kann auch für differenzierte Aufgaben zum Rechnen und für den Zahlenraum bis 100 und darüber hinaus genutzt werden. Mögliche Aufgaben oder Denkanstöße sind: Wie viele Tiere sind es insgesamt?, Wie hast du das rausbekommen?, Wie viele Tiere wären es, wenn es nicht 10 sondern 15 Piers gewesen wären?, Was musst du dafür machen?

DAS BUCH IM RAHMEN EINER LERNUMGEBUNG

Betrachtet man ein Bilderbuch mit einer größeren Anzahl an Kindern, stellt sich meist das Problem, dass kleine Feinheiten und Details der Illustrationen nicht betrachtet werden können. Durch zusätzliches Handlungsmaterial kann die Handlung beim Vorlesen mitgespielt und später nachgespielt werden (siehe Abb. 2 und **M 31–32**). Das Handlungsmaterial eröffnet darüber hinaus Möglichkeiten für weitere mathematische Aktivitäten (siehe oben). Vor dem Vorlesen können sich zehn Kinder Teppichfliesen mit Ziffern aussuchen und vor sich legen. Wenn sich die Kinder mit ihren Teppichfliesen in den Kreis setzen, ist die Reiseroute des Schiffs festgelegt. Die Teppichfliesen können bereits in der Reihenfolge von Eins bis Zehn gelegt oder ungeordnet im Kreis liegen. Je nach Vorgehen bietet sich die Reihenfolge der Zahlen zu unterschiedlichen Zeiten als Gesprächsanlass an.

Beim Vorlesen des Bilderbuchs kann das „Schiff" (die Magnettafel) vorgestellt werden. Beim ersten Reim, bei dem das Boot an Pier 1 anlegt, wird es zu dem Kind geschoben, das die Teppichflie-

FOTOS: CHRISTIANE BENZ

Abb. 2: Das Material hilft zur Veranschaulichung des Inhalts: Teppichfliesen mit Ziffern von 1-10 als Piers. Eine Magnettafel als Boot. Magnetische Plättchen, mit jeweiligen Mustern oder Farben, die den einzelnen Tieren zugeordnet werden können. Das Material wurde von Lena Schoff und Carolin Maier entwickelt.

Abb. 3: Verschiedene Möglichkeiten der strukturierten Darstellung von sieben Krabben.

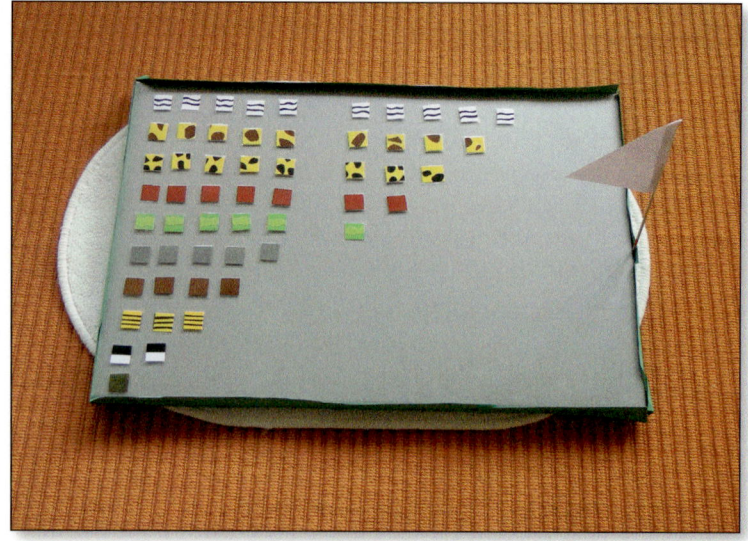

Abb. 4: Eine übersichtliche Darstellung der Tiere an Bord.

se mit der Eins hat. Ein Kind hat nun die Gelegenheit zehn Zebras in das Boot einsteigen zu lassen. Dafür muss es zehn Plättchen mit Zebramuster abzählen (siehe **M 31– 32**). Für die Bereitstellung der Plättchen gibt es verschiedene Möglichkeiten. Günstig ist es, die Plättchen auf Magnetklebeband zu befestigen. Es können alle Plättchen durcheinander angeboten werden. Dann stehen die Kinder vor der herausfordernden Aufgabe aus den verschiedenen Plättchen jedes einzelne Plättchen herauszusuchen (Sortieren – Unterscheiden von Mustern) und bis zu zehn Plättchen abzuzählen (zählende Anzahlbestimmung). Die verschiedenen Plättchen mit Tiermustern können auch bereits sortiert angeboten werden.

Während ein Kind die zehn Zebras in das Boot legt, können alle sehen und überprüfen, ob auch wirklich zehn Zebras eingestiegen sind. Nachdem die nächste Seite vorgelesen wurde, muss der richtige Pier (Teppichfliese mit der Zwei) angefahren werden und ein Kind lässt neun Giraffen einsteigen.

Im Verlauf der Geschichte bemerken viele Kinder die aufsteigende Reihenfolge der Nummern der Piers und können beim Vorlesen selbst die richtige Zahl ergänzen. Die absteigende Reihenfolge bei der Anzahl der Tiere ist für jüngere Kinder beim ersten Vorlesen meist nicht ersichtlich.

Die absteigende Reihenfolge der Anzahlen kann durch das Thematisieren der Anordnung der Plättchen im Boot gut veranschaulicht werden. Eine Reflexion über verschiedene Anzahldarstellungen kann in dieser Lernumgebung beispielsweise so eingeleitet werden: Wie kann man leicht erkennen, wie viele Tiere eingestiegen sind? Im Bilderbuch ist das nicht einfach zu sehen, können wir das anders lösen?

Man kann diese Überlegungen für jede Tierart einzeln anstellen: Wie kann man z. B. Plättchen so legen, dass man schnell bzw. leicht sehen kann, wie viele es sind (siehe Abb. 3). Durch die verschiedenen Möglichkeiten der Strukturierung werden verschiedene Zahlzerlegungen thematisiert. Lässt man die Kinder verschiedene Darstellungen für kleinere Anzahlen finden, werden häufig auch Würfelbilder zur Orientierung genutzt, vor allem von jüngeren Kindern. Oder es wird eine Darstellung gewählt, in der durch Reihen die Beziehung zwischen den einzelnen Anzahlen veranschaulicht wird. So wird die absteigende Reihenfolge der Anzahl der Tiere sichtbar. Es kann erkannt werden, dass immer genau ein Tier weniger einsteigt (siehe Abb. 4). Aufgrund einer Fünferstrukturierung können Anzahlen leichter quasi-simultan erfasst werden. In einem Gespräch über den Unterschied (mit und ohne Fünfergliederung) können die Vorteile der „Kraft der Fünf" erarbeitet werden. Die Konvention und der Vorteil von Strukturierungen in Fünfergruppen können als Gesprächsanlass genutzt werden.

Ergänzende unterschiedliche Aktivitäten zur Anzahldarstellung und -bestimmung (**M 33–35**, S. 66–68) können sowohl während des ersten Vorlesens als auch danach angeregt werden. Durch Reflexionen über die Anzahldarstellungen kann der Verlauf der Geschichte gestört werden, deswegen sollte genau entschieden werden, wann einzelne Aktivitäten angeregt werden. Wird das Ordnen und Strukturieren erst nach dem Vorlesen des gesamten Buches angeregt, können die Aufgabenstellung sowohl in der gesamten Gruppe als auch in Partner- oder Einzelarbeit gelöst werden.

Wichtig bei der Planung und Durchführung ist die Überlegung, welche mathematischen Aspekte thematisiert werden sollen, sodass die einzelnen ausgewählten Aspekte ausführlich besprochen und gemeinsame Reflexionsphasen intendiert werden können. Deswegen sollten Impulse sowie Frage- und Aufgabenstellungen sorgfältig ausgewählt werden. Bei mehrmaligen Durchführungen, etwa im Sinne eines Rituals oder in Form eines Kreisspiels, können im Laufe der Zeit immer neue Aspekte thematisiert werden. ■

LITERATUR

Benz, C.: „Er macht dies und das und so …" Mathematische Lernchancen beim Einsatz von Bilderbüchern – dargestellt am Beispiel von Lornsens „Dies und das kann Fridolin". In: Grundschulunterricht, Heft 3/2008, S. 16–19

März, L./Scholz, B.: Es fährt ein Boot nach Schangrila. Stuttgart 2006

LESEN SIE WEITER

Bönig, D./Thöne B.: Längenvorstellungen entwickeln. Arbeit mit dem Bilderbuch „Der 99-Zentimeter-Peter". In: Mathematik differenziert, Heft 4/2011, S. 12–17

Zöllner, J./Benz, C.: Das kleine Krokodil und die ganz große Liebe. Lernanlässe zum Messen und Vergleichen. In: Mathematik differenziert, Heft 4/2011, S. 19–25

Bestellen Sie Ihre Exemplare telefonisch unter 0531/708-8361, per Mail an abo-bestellung@westermann.de, im Internet unter: www.mathematik-differenziert.de oder laden Sie sich die Artikel unter www.mathematik-differenziert.de herunter.

Materialien

M 31: Vorlagen

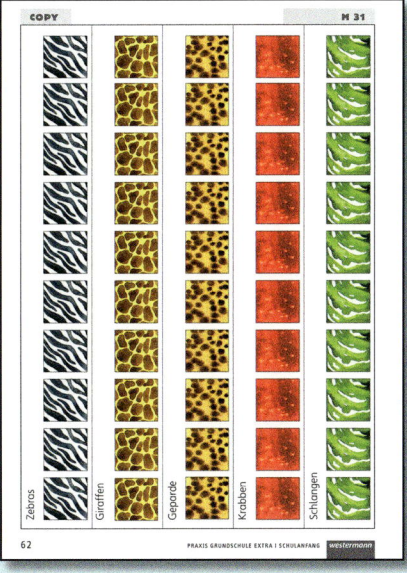

M 32: Vorlagen

M 33: Wie viele Tiere?

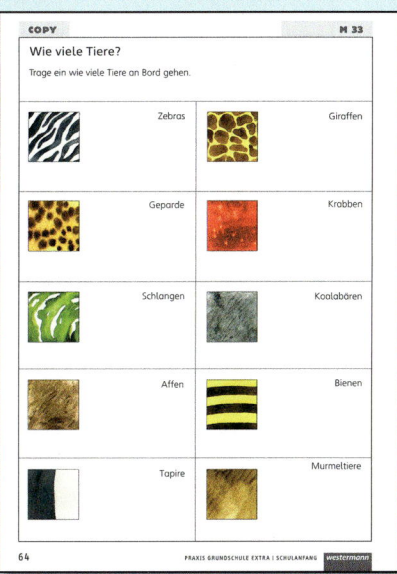

M 34: Tiere an Bord

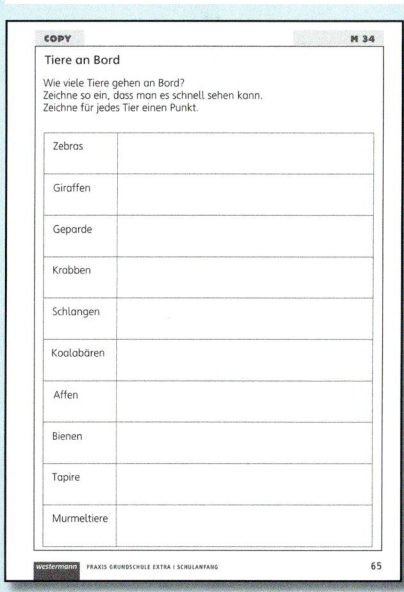

M 35: Wie viele Vögel?

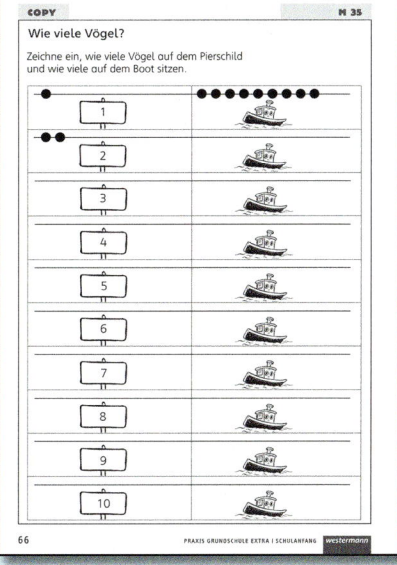

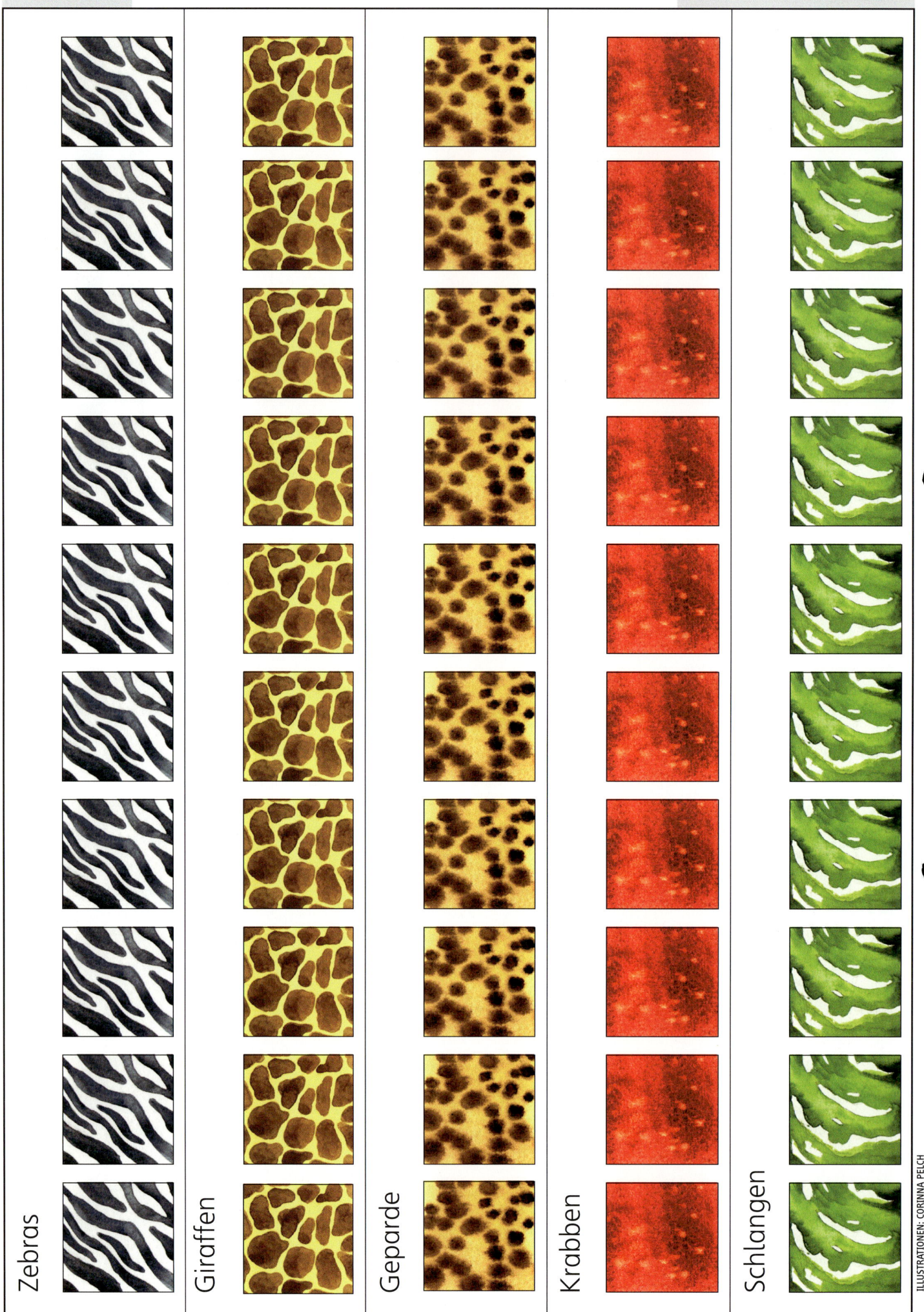

Zebras

Giraffen

Geparde

Krabben

Schlangen

ILLUSTRATIONEN: CORINNA PELCH

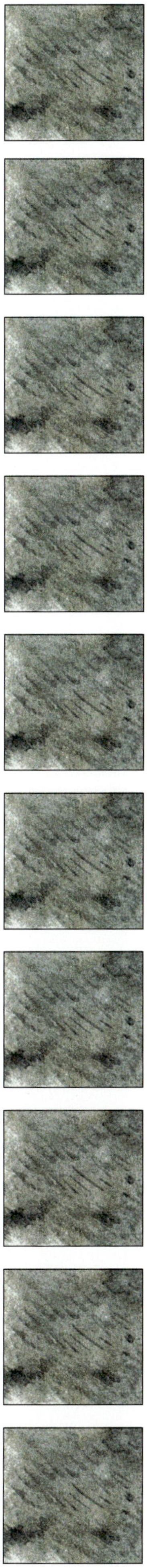

Koalabären

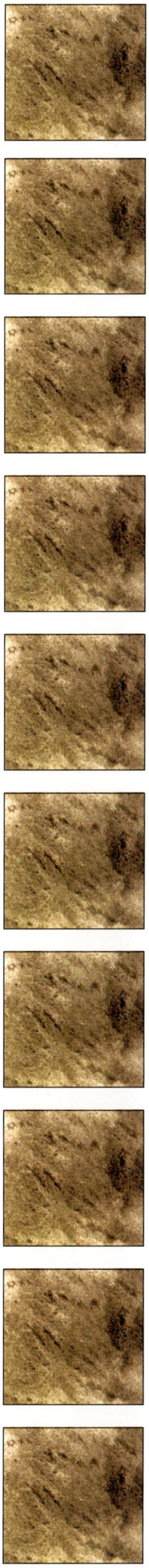

Affen

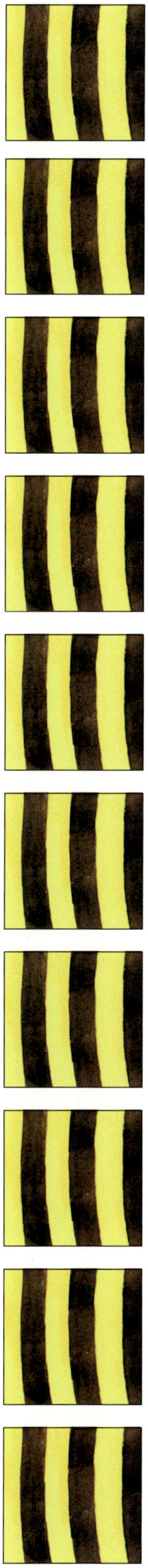

Bienen

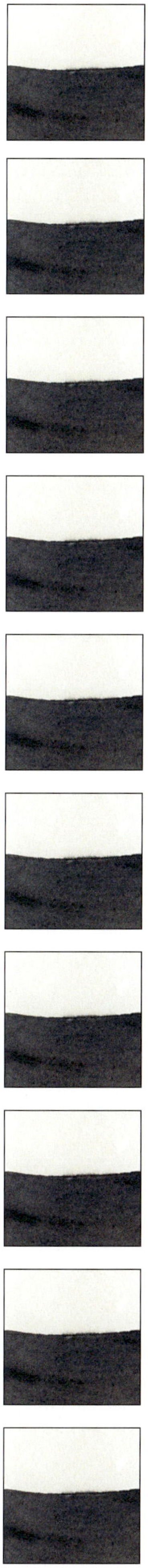

Tapire

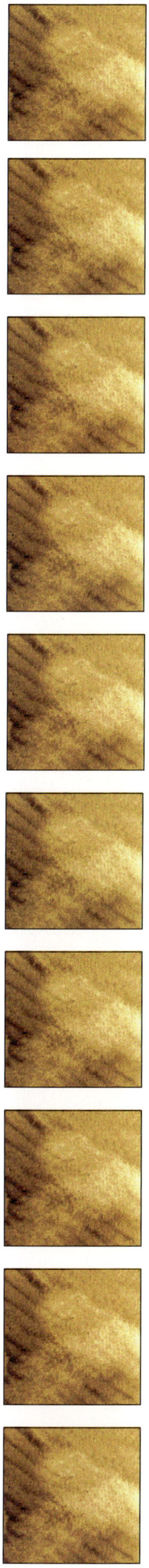

Murmeltiere

ILLUSTRATIONEN: CORINNA PELCH

Wie viele Tiere?

Trage ein, wie viele Tiere an Bord gehen.

 Zebras

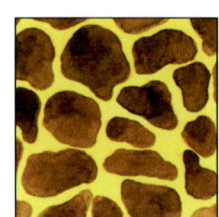 Giraffen

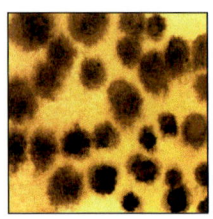 Geparde

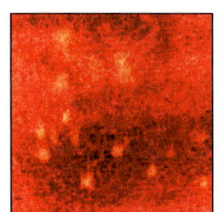 Krabben

 Schlangen

 Koalabären

 Affen

 Bienen

 Tapire

 Murmeltiere

ILLUSTRATIONEN: CORINNA PELCH

Tiere an Bord

Wie viele Tiere gehen an Bord?
Zeichne so ein, dass man es schnell sehen kann.
Zeichne für jedes Tier einen Punkt.

Zebras	
Giraffen	
Geparde	
Krabben	
Schlangen	
Koalabären	
Affen	
Bienen	
Tapire	
Murmeltiere	

Wie viele Vögel?

Zeichne ein, wie viele Vögel auf dem Pierschild
und wie viele auf dem Boot sitzen.

1	
2	
3	
4	
5	
6	
7	
8	
9	
10	

ILLUSTRATIONEN: CORINNA PELCH

Blumen, Sterne und andere Figuren

Puzzles zum Auf- und Ausbau der Zahlvorstellungen

Die Voraussetzungen der Kinder bei Schuleintritt differieren stark. Deshalb sollten jedem Kind andere Aufgaben, angepasst an seinen Kenntnisstand, angeboten werden.

VON RUDOLF GUDER

Bei Schuleintritt weisen die Mengenvorstellungen und Zahlkompetenzen der Kinder sehr große Unterschiede auf. Erfahrungen und Beobachtungen zeigen, dass manche (wenige) Kinder weder eine gesicherte Mengenvorstellung (Simultanerfassung) bis fünf besitzen, noch Mengen bis zehn abzählen können, während andere (ebenso wenige) im Zahlenraum bis hundert viele Rechenoperationen beherrschen. Das Gros befindet sich breit gestreut zwischen diesen Extremen.

Das bedeutet aber, dass sich ein lehrerzentrierter, alle Kinder gleichmäßig „beschulender" Mathematikunterricht zu Beginn der Schulzeit besonders verbietet.

Jedes Kind soll individuell da abgeholt, gefördert und gefordert werden, wo es sich befindet. Dazu bieten sich in der Anfangsphase (und nicht nur dort) zahlreiche Aktivitäten an, die die Kinder weder über- noch unterfordern, sondern nach Umfang und/oder Schwierigkeitsgrad differenziert angeboten werden.

Hier eignen sich viele der herkömmlichen Würfel-, Domino- und Abzählspiele ebenso wie manche Spiellieder, Tummelspiele, Bastel-, Bau- und Faltaktivitäten, wenn sie nur nicht in ihrer Grundform für alle Kinder gleich angeboten, sondern gezielt im „Zahlenmaterial" abgewandelt werden.

Zum Beispiel kann Domino bis sechs oder bis neun gespielt werden. Es spricht auch nichts dagegen, ein Dreiecksdomino zu konstruieren, dessen Zahlenraum größer ist und dessen Anlegemöglichkeiten vielfältiger sind.

DIFFERENZIERUNGSTECHNIKEN

Eine Schwierigkeit verursacht zunächst das noch sehr geringe (oder nicht vorhandene) Repertoire an Differenzierungstechniken, die selbstständiges Entdecken, Lernen und Arbeiten in Einzel-, Partner- oder Kleingruppenarbeit ermöglichen und der Lehrkraft Gelegenheit bieten, während offener Unterrichtsphasen (Tagesplan, Wochenplan, Freiarbeit) gezielt Aufschluss über die Lernausgangslage jedes einzelnen Kindes zu bekommen.

Hier wird exemplarisch eine Form differenzierter Anlegespiele vorgeschlagen, die neben dem individuellen Auf- und Ausbau von Zahlvorstellung und Zählkompetenz eine geometrische Komponente enthalten, indem die Kinder durch puzzleähnliches Zusammenfügen von Dreiecken, Quadraten und Sechsecken regelmäßige Figuren aufbauen. Die Zusammensetzregeln ergeben sich aus gleichen Mengen, Ziffern und/oder Zahlbildern, die aneinander gelegt werden müssen.

> „Spielerischer und handelnder Umgang mit Lerninhalten und einfache Situationen direkten Lernens stehen zunächst im Mittelpunkt des Unterrichts."
>
> (Nieders. Kultusminister)

Einige mögliche Figuren befinden sich auf den beigefügten Kopiervorlagen. Betrachten Sie diese Figuren auch als Beispiele. Es lassen sich viele weitere leichte bis sehr schwere, wenigteilige bis vielteilige finden, sodass von Schwierigkeit und Umfang her vielfältige Differenzierungen möglich sind.

ARBEITSAUFWAND FÜR DIE SELBSTANFERTIGUNG

Aus Gründen der Arbeitsökonomie sollten prinzipiell soweit als möglich fertige Arbeitsmittel verwendet werden. Zum wirklich gezielten Differenzieren – besonders in der Anfangsphase des Mathematikunterrichts – ist das Angebot unzureichend, muss es wohl auch sein, weil zur Individualisierung die tatsächlichen Lernvoraussetzungen jedes Kindes bekannt sein müssen. Etwas überspitzt ausgedrückt: Jedes Kind muss individuell bedient, gefördert und gefordert werden. Das leistet vollständig kein käufliches Arbeitsmittel. Hier ist ein Kompromiss versucht worden: Vorlagen so weit wie möglich vorzufertigen, damit das Eintragen der nötigen Variationen mit geringstem Aufwand zu bewältigen ist und spontan eine neue Version angefertigt werden kann, wenn sich die Notwendigkeit ergibt, ein Kind ganz gezielt zu fördern. Der Arbeitsaufwand für die Lehrkraft beim Herstellen der Figurenteile hält sich in Grenzen, wenn die Kopiervorlagen benutzt werden. Die Teile sind so bemessen, dass Dreiecke, Quadrate und Sechsecke ineinander passen. Vergrößerungen oder Verkleinerungen sind möglich, wenn auf identische Faktoren geachtet wird.

HANDHABUNG DURCH DIE KINDER

Für Kinder am besten zu handhaben sind vergrößerte Kopien auf 160g-Karton von den Kopiervorlagen zwei bis sechs (von DIN A5 nach DIN A4). Kopiervorlage eins bleibt in Originalgröße. Eine Erleichterung stellt es dar, wenn jede Figur zweimal auf je verschiedenfarbigen Karton kopiert wird, sodass ein Zentralteil ausgetauscht werden kann. Daran erkennen die Kinder, wo der günstigste Ausgangspunkt liegt. Fertige Legespiele lassen sich in Klarsichthüllen aufbewahren, auf die vereinbarte Symbole geklebt werden, die den Schwierigkeitsgrad angeben.

ENTDECKENDES LERNEN

Das „Erfinden" von Figuren und das Einzeichnen von Mengen und/oder Ziffern durch Kinder wird ermöglicht, wenn Kopiervorlage sieben noch einmal vergrößert und den Kindern in mehreren Kopien zur Verfügung gestellt wird. Der ästhetische Reiz der Symmetrien kann hervorgehoben werden, wenn die Kinder gelungene Figuren in ein leeres Heft kleben und eventuell farbig anmalen. Die gezielte Beobachtung der Kinder beim Arbeiten, Erfinden und mit Zahlzeichen versehen gibt gute Einblicke in die Lernausgangslage der Kinder bezüglich Mathematik. Die in das Heft geklebten Ergebnisse lassen genauere Analysen zu.

VIELFÄLTIGE DIFFERENZIERUNGS-MÖGLICHKEITEN

Als Differenzierung bietet es sich an, die verwendeten Zahlenräume, Mengenbilder und -darstellungen zu variieren:

- Es werden nur die Würfelzahlbilder benutzt. Um mehr als sechs Passungen zu erreichen, werden Farben eingesetzt:

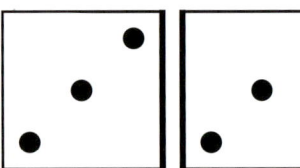

- Es werden Würfelzahlbilder und Ziffern benutzt, sodass Würfelzahlbild und Ziffer zusammengefügt werden. (Verwendung von Farben entsprechend.)

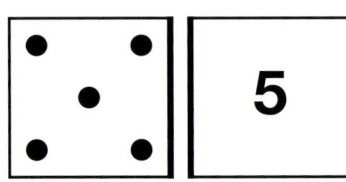

- Es werden gleiche Dominozahlbilder zusammengefügt.

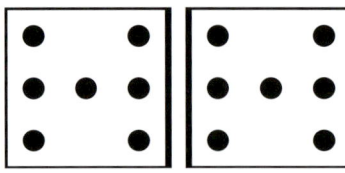

- Es werden Dominozahlbilder und Ziffern zusammengefügt.

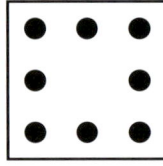

- Es werden Dominozahlbilder (oder Ziffern) mit ungeordneten Mengen zusammengefügt.

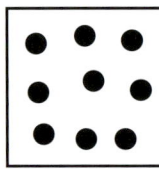

- Es werden ungeordnete Mengen kombiniert. (Differenzierung bei Variation der Mächtigkeit und der Größen.) Bei starker Vergrößerung können auch Mengen von Gegenständen gezeichnet werden.

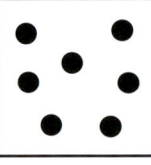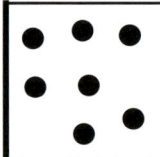

- Zahldarstellungen, wie sie später in der Klasse verwendet werden sollen, z. B. Perlenschnur, Steckwürfel, Rechenrahmen, Rechenschiff.

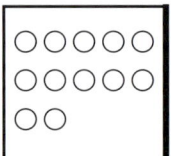

- Vorschlag sieben wird durch Vergrößerung des Zahlenraumes der Lernausgangslage einiger Kinder angepasst, evtl. werden auch schon Aufgaben/Ergebnisse kombiniert.

- Der Umfang lässt sich für alle Differenzierungsformen variieren, wenn größere Figuren zusammengestellt werden (siehe untenstehende Abbildung). ■

LITERATUR

Niedersächsischer Kultusminister, Erlass: Die Arbeit in der Grundschule. Schulverwaltungsblatt 81, S. 112 ff.
Niedersächsisches Landesinstitut für Lehrerfortbildung, Lehrerweiterbildung und Unterrichtsforschung (NLI), Bericht Nr. 34: Mathematikunterricht in der Anfangsphase des 1. Schuljahres

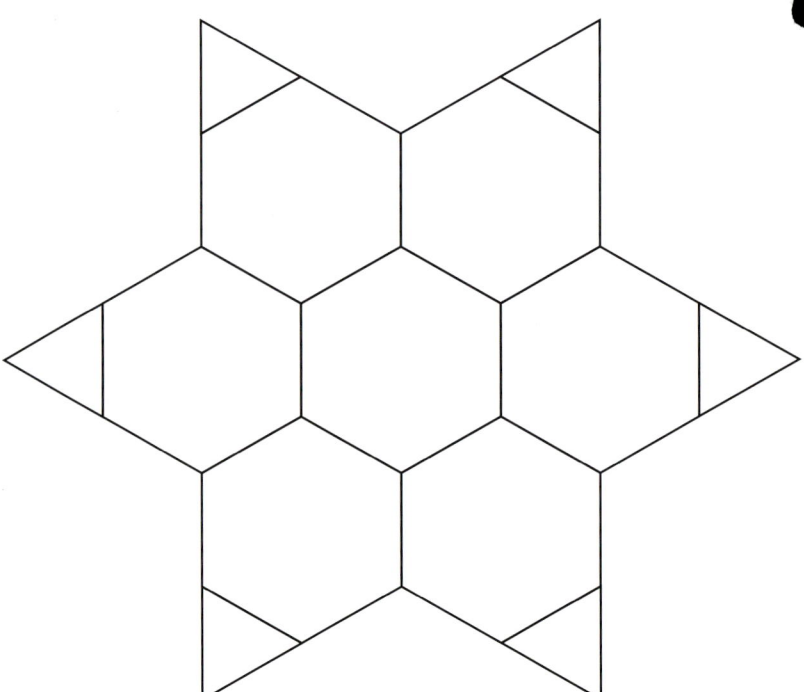

Vorlage 1

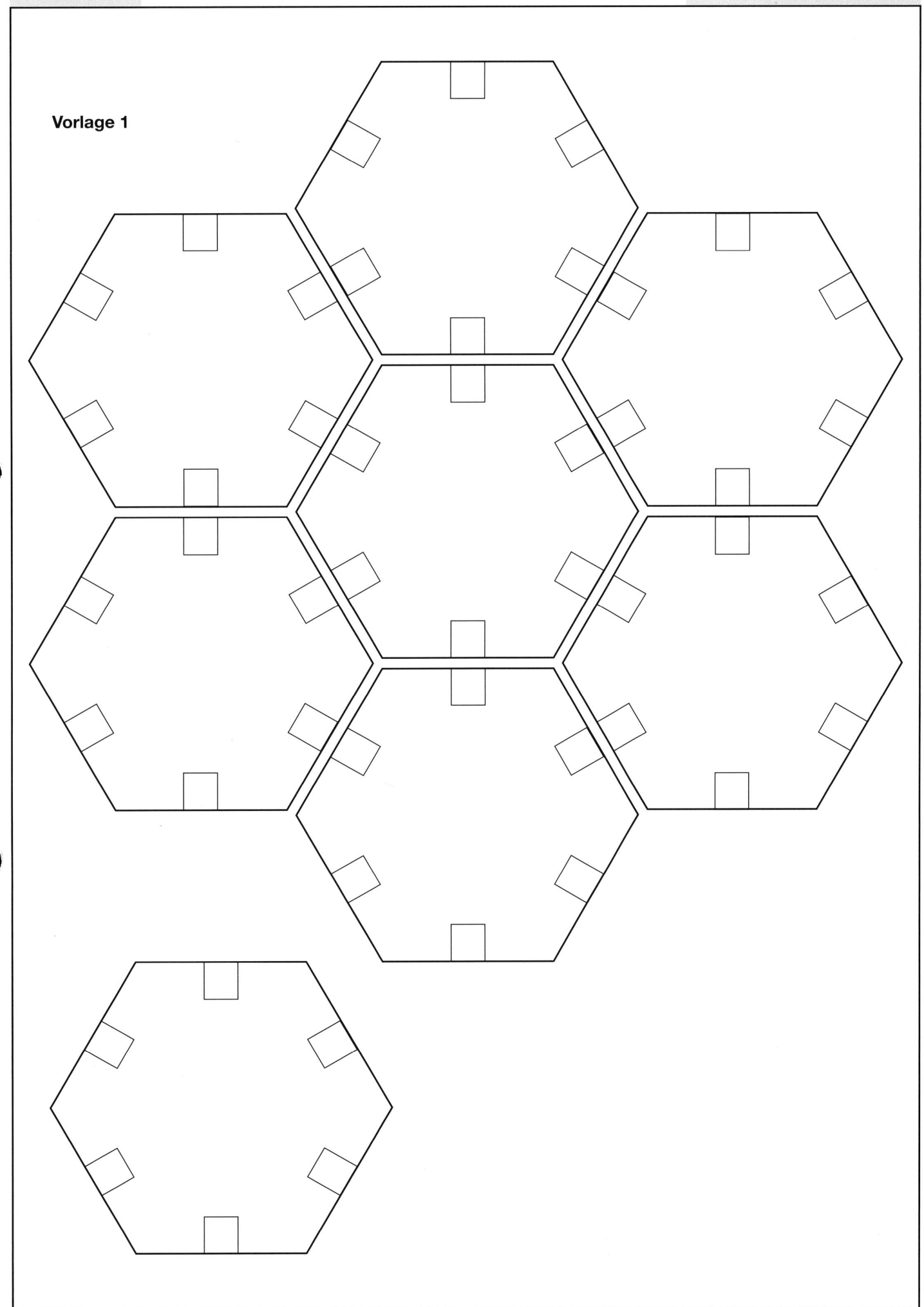

Vorlage 2

Vorlage 3

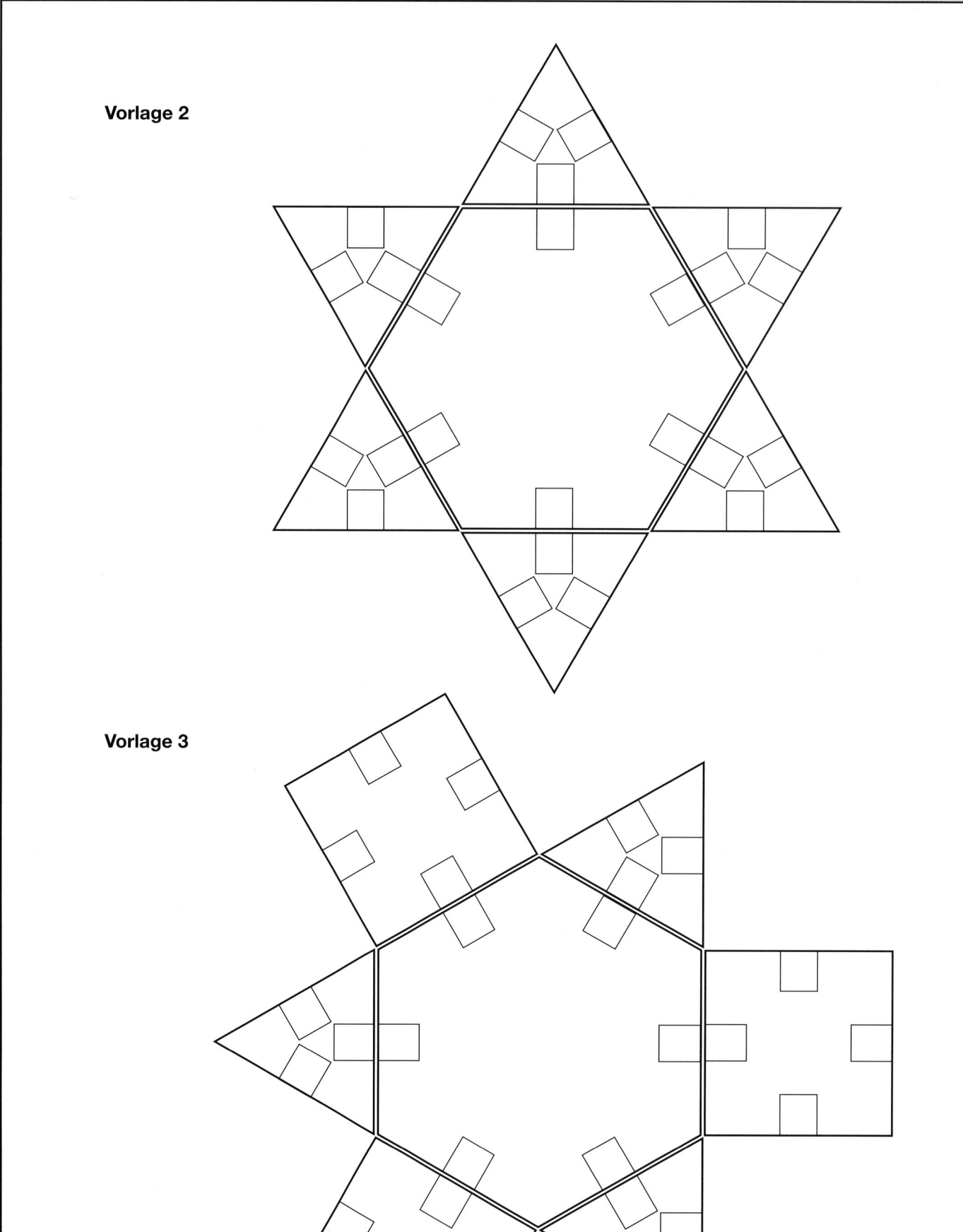

Vorlage 4

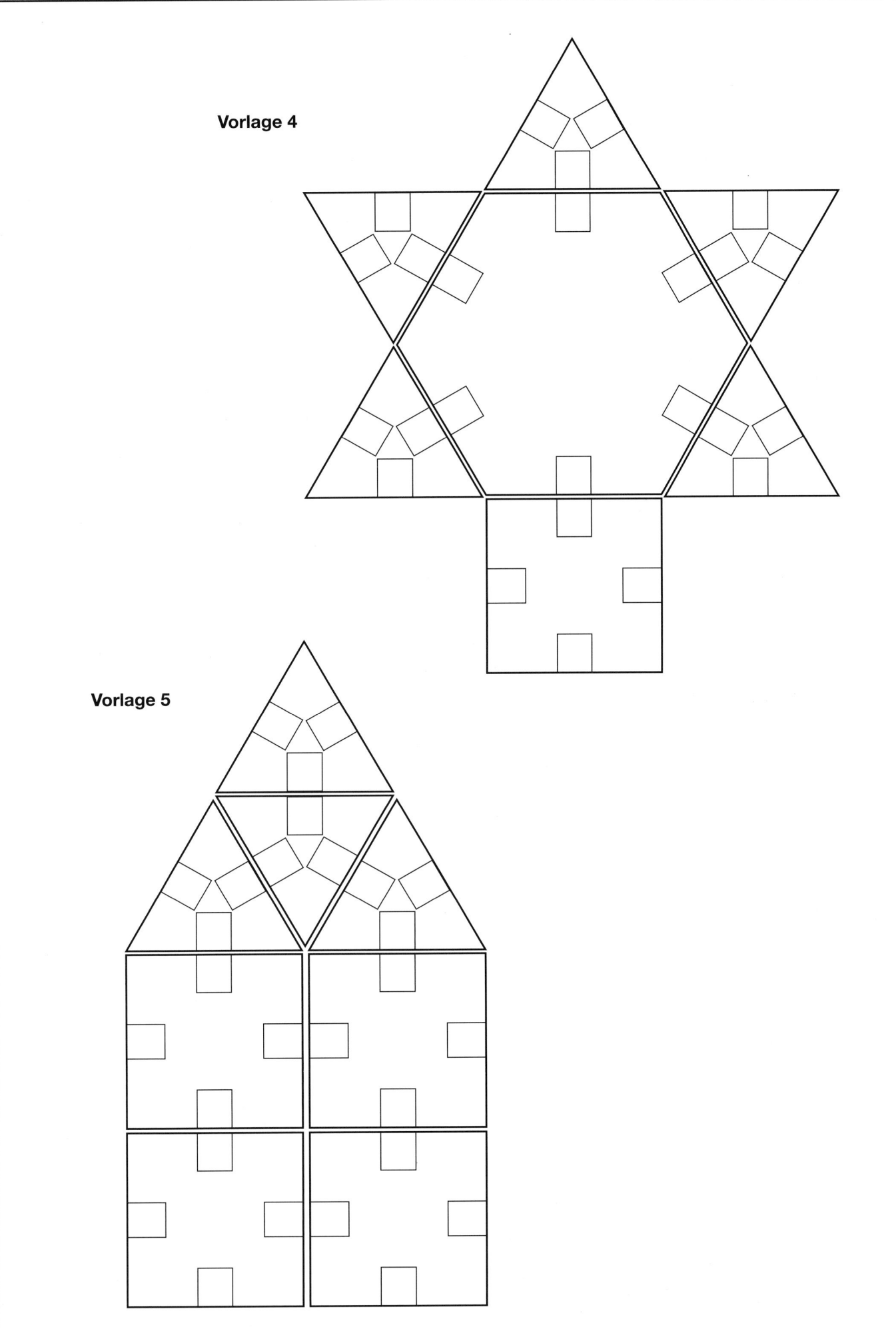

Vorlage 5

Vorlage 6

Vorlage 7

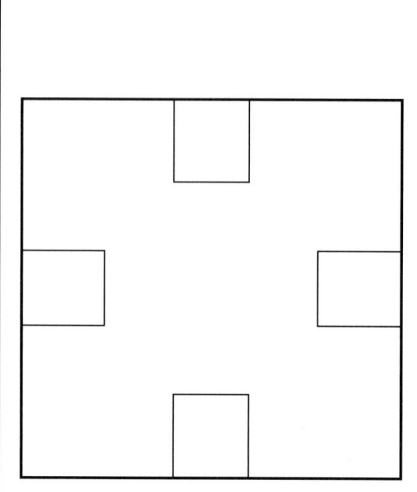

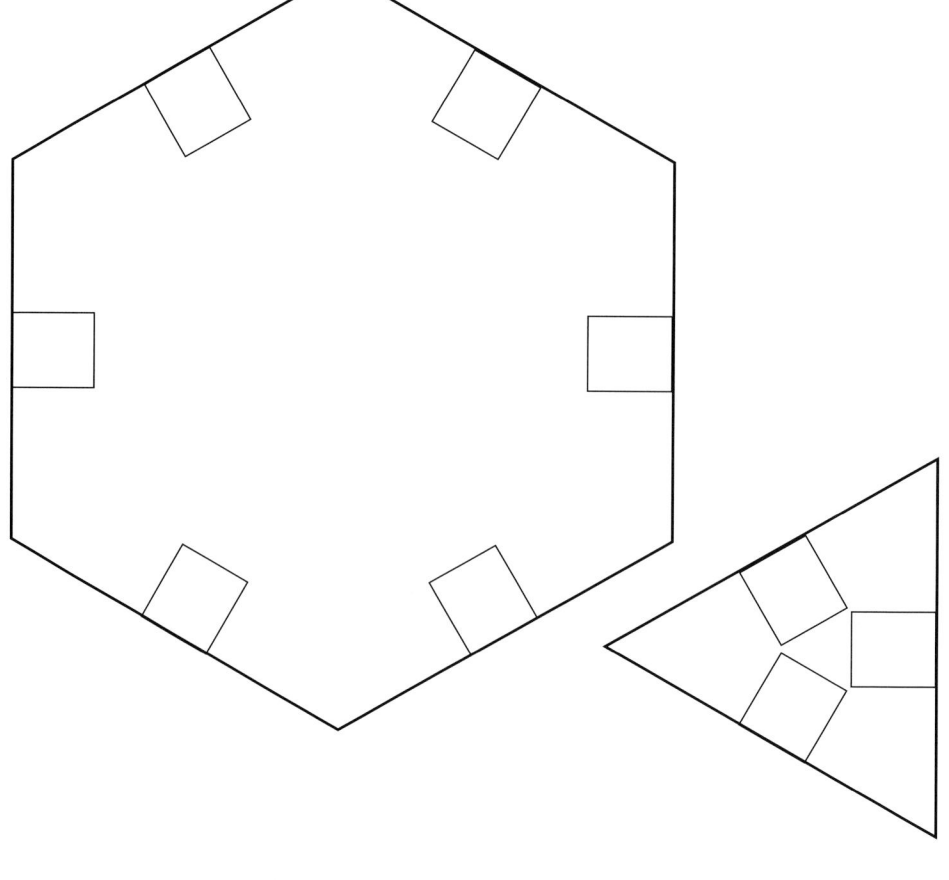

PETER JANSEN

Individualisierte Übung der Zerlegungen

Die Mengenzerlegungen bis 10 müssen automatisiert beherrscht werden, um darauf aufbauend im Zahlenraum bis 100 effektiv rechnen zu können. Soll die Aufgabe 52 – 36 durch Abziehen gelöst werden, bieten sich die Schritte 52 – 30 und 22 – 6 an. Für beide Aufgaben werden Analogieaufgaben aus dem Zahlenraum bis 20 benötigt.

Unsicherheiten bei den Zerlegungen im Zahlenraum bis 20 behindern ein flexibles Rechnen in höheren Zahlenräumen stark. Konzentration, die für die Teilschritte der Rechnung verbraucht wird, steht dann für den Überblick über die Teilschritte nicht zur Verfügung. Mangelnder Überblick kann also durchaus auch eine Ursache in fehlender Automatisierung haben.

Entscheidend ist deshalb, dass jedes Kind die Zerlegungen der Zahlen bis 10 sicher und schnell beherrscht. In Klasse 1 sind solche Übungen obligatorisch. In allen höheren Klassen sollte eine Förderung hier ansetzen, wenn ein Kind mit diesen Grundlagen noch Probleme hat.

Besser ist es natürlich, wenn diese Lernlücken gar nicht erst entstehen. Deshalb genügt es nicht, das Thema einmal „durchzunehmen" und in Kauf zu nehmen, wenn es einige Kinder der Klasse danach nicht können. Lernlücken wachsen sich nicht von alleine aus und das Vertrauen in die Wirkungen des Spiralcurriculums dürfen diesbezüglich nicht zu hoch gesteckt werden. So liegt es nahe, den Unterricht zu individualisieren und dem Kind aufbauende Übungen erst dann zu geben, wenn es diesen Lernschritt beherrscht.

Ob der Unterricht in Klasse 1 und 2 jahrgangsgemischt oder nicht durchgeführt wird, ob in der Jahrgangsmischung die Zweitklässler parallel die Zerlegung der 100 oder etwas ganz anderes üben, ist eine nachrangige Frage. Auch ob die Kinder in Werkstätten, Wochenplänen „offen" oder in Frontalunterricht lernen, ist nicht das entscheidende Problem. Hauptsache ist, dass der Unterricht die hierarchische Abfolge der Lernschritte berücksichtigt und jedes Kind alle Lernschritte gehen kann.

Was sind Zahlzerlegungen?

Wie entwickelt sich das Wissen um Zahlzerlegungen? Nur 6 bis 7 % der Schulanfänger lösen Aufgaben wie „? + 4 = 10" oder „9 = 5 + ?". Solche Aufgaben überfordern also die meisten Kinder. Gibt man aber wie in *Abb. 1* vor, dass in einer Reihe 8 Punkte sind, von denen 3 sichtbar sind, können 74 % der Schulanfänger die unsichtbaren Punkte auf die Wolke malen (vgl. *Jansen* 2006).

der, die die Zahl gar nicht mit der Vorstellung einer Menge verbinden, würden z. B. 13, gedacht als eine Art „Hausnummer 13" in 1 + 3 zerlegen. So können Mitte der zweiten Klasse erschreckende 27 % der Kinder nicht angeben, aus wie viel Zehnern und Einern eine zweistellige Zahl besteht (vgl. *Jansen* 2005).

Der Lernprozess muss also zunächst eine Mengenvorstellung aufbauen. Kinder, die Zahlensätze wie „6 + 4 = 10" auswendig lernen, so wie man Telefonnummern auswendig lernt, verfügen später nicht über die Möglichkeit, ihre Rechnung durch Anschauung abzusichern und bleiben unflexibel. Sie scheitern schon, wenn die Aufgabe in ? + 4 = 10 oder 10 = ? + 4 abgewandelt oder in einen entsprechenden Sachkontext eingekleidet wird. Anderer-

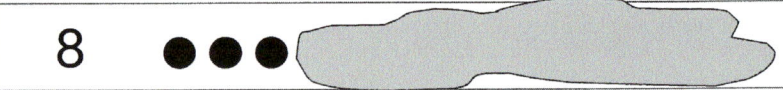

Abb.1: Wie viele Punkte sind hinter der Wolke versteckt? (aus: Jansen 2006)

Das Problem ist also weniger das grundlegende Verständnis der Zerlegung. Vielmehr können Kinder am Schulanfang die symbolische Form der Aufgabe „8 = 3 + ?" kaum auf die Zerlegungen konkreter Mengen beziehen. Zudem rechnen fast alle Schulanfänger zählend (vgl. *Grassmann* 2005), was bei konkreten Punkten recht einfach ist. In der abstrakten Rechenaufgabe muss man aber erst einmal wissen, was überhaupt gezählt werden soll.

Zerlegen kann man nur Mengen und nicht Zahlsymbole. Kin-

seits wäre es viel zu umständlich, würden wir uns bei einer Aufgabe wie 52 – 36 alle Teilschritte in Form konkreter Mengen vorstellen (vgl. *Jansen/Lorenz* 2005). Wenn es schnell gehen soll, müssen wir über das Wissen um Zahlbeziehungen frei verfügen können, um nur bei Bedarf auf die Mengenvorstellung zurückzugreifen. In der Abfolge der Lernschritte müssen wir also eine Mengenvorstellung zunächst aufbauen, dann aber dem Kind helfen, die konkrete Vorstellung wieder zu überwinden.

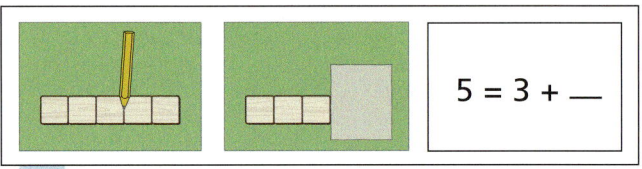

Abb. 2: Zerlegungsübungen in drei Schritten

Automatisierungs-training

Die Automatisierung erfolgt deshalb in drei Übungsschritten (siehe *Abb. 2*). Zunächst liegt die Menge auf dem Tisch. Ein Partner zeigt mit der Bleistiftspitze auf eine Stelle zwischen zwei Würfeln (oder Punkten). Das Kind nennt die Aufgabe, z. B. 5 = 3 + 2. Hier wird geübt, die symbolische Darstellung der Aufgabe mit einer konkreten Mengenvorstellung zu verbinden. Um das wiederholte Abzählen zu vermeiden, wird die Übung mit zunehmendem Tempo durchgeführt. Die Kinder sollten im „Ping-Pong-Tempo" arbeiten: Aufgabenstellung und Antwort sollen hin und hergehen wie der Ball bei einem Tischtennisspiel.

Der zweite Übungsschritt dient dem Übergang vom Handeln mit den Teilmengen zum Vorstellungshandeln. Die Übung heißt „Wie viele sind versteckt?" Hier deckt der Partner einen Teil der Menge ab. Das Kind nennt wiederum die entsprechende Aufgabe.

Beim dritten Übungsschritt soll sich das Kind beide Teilmengen vorstellen. Die Aufgabe wird nur noch in der symbolischen Form genannt, z. B. „5 = 3 + ?". Das Kind nennt die Lösung. Wenn sich das Kind der eigenen Lösung unsicher ist, kann es auf die konkreten Mengen noch einmal zurückgreifen.

Steht ein geeigneter Übungspartner zur Verfügung, können die Übungen überwiegend mündlich durchgeführt werden. Auf dem Zerlegen-Pass (siehe S. 79) sind die Übungsstufen für die Zahlen bis 10 dargestellt. Schließlich sollen ja nicht nur die Zerlegungen der 10, sondern auch der Zahlen 4, 5, 6, 7, 8 und 9 geübt werden. In der linken Spalte der Tabelle sind enaktive Übungen

dargestellt. Die Darstellungen sind auf Systemblöcke mit Fünferstab bezogen. Die mittlere Spalte steht für die Übung „Wie viele sind versteckt?", und rechts sind symbolische Übungen in der Form 9 = 3 + ? dargestellt.

Weil nicht immer Systemblöcke zur Hand sind, sind im unteren Teil des Blattes (bzw. wenn man es knickt, auf der Rückseite) die entsprechenden Punktefelder abgebildet. So lassen sich die Übungen z. B. auch zu Hause mit einem einzigen Blatt durchführen. Der Partner hakt das Tabellenfeld ab, wenn der Übungsschritt sicher und schnell beherrscht wird. Wenn organisiert werden kann, welche Kinder sich nachmittags (zu Hause oder in einer Betreuung) oder vor Unterrichtsbeginn treffen und gemeinsam üben, kann das Training als Hausaufgabe aufgegeben werden.

Bei der individualisierten Einzelarbeit erhält das Kind Arbeitskarten nach dem Muster in *Abb. 3*. Hier sind 10 bis 12 Aufgaben untereinander ikonisch als Punktefeld mit einem Zerlegungspfeil dargestellt. Das Kind deckt die Lösung (hier die entsprechende Zerlegungsaufgabe) mit einem Abdeckwinkel ab, nennt sie und kontrolliert die Richtigkeit nach dem Handlungsmuster „sehen – sagen – kontrollieren". Die rechte Seite der Karte entspricht der Übung „Wie viele sind versteckt?" und wird entsprechend mit dem Abdeckwinkel geübt.

Die anschließenden schriftlichen Übungen beziehen sich auf die Verwendung einer Rechentafel. Sie besteht aus drei Feldern, einem größeren Feld oben und zwei kleineren Feldern unten. Die Kinder lernen, zwei Teilmengen, z. B. 4 und 2 auf den unteren Feldern mit Systemblöcken darzu-

Abb. 5: Die Teile 4 und 2 werden auf der Rechentafel zu einem Ganzen zusammengefügt.

stellen und sie dann auf das obere Feld zu einem Ganzen (6) zusammenzufügen (siehe *Abb. 4*).

Viele Kinder neigen dazu, sich die Addition ausschließlich als dynamischen Vorgang vorzustellen, z. B. so: „Zuerst sind es 4, dann kommen 2 hinzu und am Ende sind es 6." Das „Ergebnis" 6 stellt sich hierbei als Endzustand einer kleinen Geschichte dar. Mit Hilfe der Rechentafel lernen Kinder auch die statischen Aspekte der Operation kennen. Addieren bedeutet: Teile zu einem Ganzen zusammenfügen. Subtrahieren bedeutet: das Ganze in Teile zerlegen. Geben wir Kindern eine Zerlegungsaufgabe wie 6 = 4 + ? setzen wir voraus, dass Kinder in der 6 das „Ganze" sehen. Suchen sie nämlich beim Rechnen nur nach dem Ergebnis im Sinne von „Endzustand einer Geschichte", wird die Aufgabe als „10" gelöst. Besonders hilfreich sind Übungen, bei denen Ergänzungsaufgaben in die Darstellung der Rechentafel übertragen werden müssen (siehe *Abb. 5*). Weil hier die Regel gilt, dass das Ganze immer oben steht, müssen sich Kinder entscheiden, welche der verwendeten Zahlen überhaupt das Ganze repräsentiert.

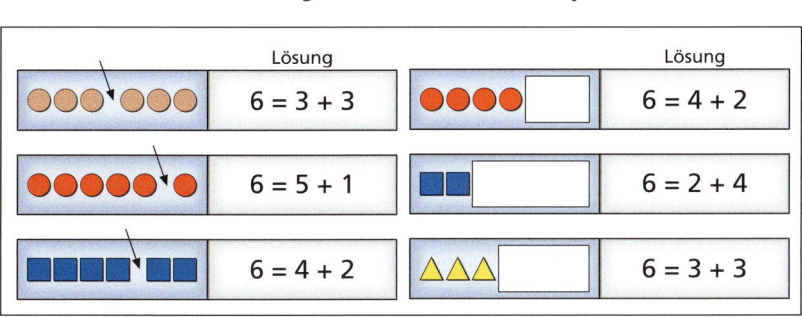

Abb. 3: Beispiel eines Trainings mit dem Abdeckwinkel (aus: Jansen 2006)

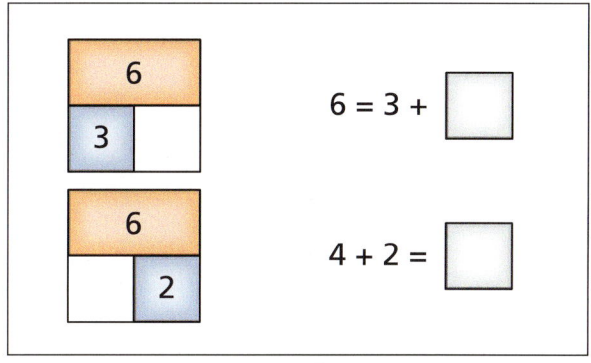

Abb. 4: Beispiele schriftlicher Übungen

Weitere Zerlegungs-übungen

Übungen mit „Schüttelkästen" (*Radatz u. a.* 1996) zur Zahlzerlegung sind nur sinnvoll, wenn genau 5 Perlen nebeneinander passen. Würden beispielsweise 10 Perlen in 8 und 2 Perlen zerlegt und auf einer Seite der Box befindet sich ein ungeordneter Haufen von 8 Perlen, bleibt nichts anderes übrig, als die Perlen einzeln zu zählen. Statt das Zählen durch ein strukturiertes Vorstellungsbild zu überwinden, wird das Kind zum Zählen angeleitet. Die Übungsfrequenz beim mündlichen Training mit einem Partner oder beim Training mit dem Abdeckwinkel ist zudem höher als beim Üben mit der Schüttelbox.

Bisweilen kommt in Begründungen zur Schüttelbox auch ein fragwürdiges Verständnis selbstständigen Lernens zum Ausdruck. Allein die Tatsache, dass ein Zufallsgenerator anstelle der Lehrkraft oder des Schulbuchs die Aufgaben bereitstellt, führt das Kind aber weder zu eigenen mathematischen Fragestellungen, noch fordert es das eigenverantwortliche Training heraus.

In den meisten Fällen ist die Übungsfrequenz auch beim Einsatz von Computerprogrammen vergleichsweise gering. Geradezu katastrophal schlecht ist sie aber, wenn Kinder die Zerlegungen „malen" oder „ausmalen" sollen.

Zerlegungsübungen können sinnvoll mit dem Aufspüren von Wahrscheinlichkeitsmustern ver-

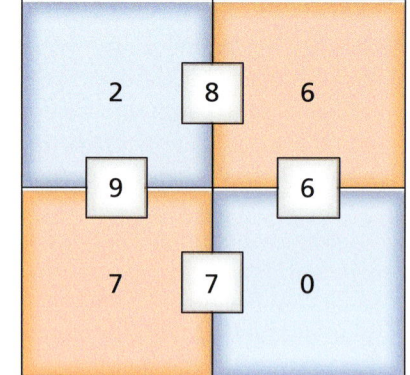
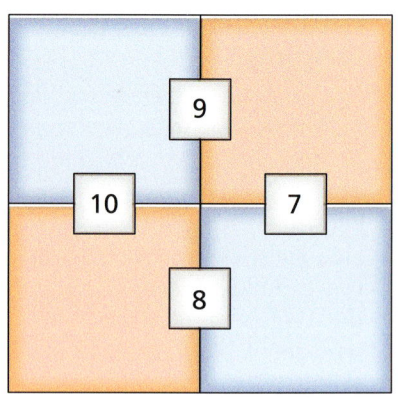

Abb. 7: Vierfeldertafel

bunden werden. Bei der Übungsform „Plättchen werfen" (vgl. *Berger u. a.* 2000) werden 4 bis 6 Wendeplättchen aus einem Würfelbecher geworfen. Das Kind erfasst, welche Zerlegung in rote und blaue Plättchen sich ergeben hat (siehe *Abb. 6*). Auf der Erfahrung aufbauend, dass einige dieser Verteilungen häufiger vorkommen als andere, kann überlegt werden, wie viele Möglichkeiten der Zerlegung es überhaupt gibt. Daran kann sich wiederum die gemeinsame Untersuchung anschließen, welche Möglichkeiten wie häufig auftreten, und so werden Erfahrungen mit Wahrscheinlichkeiten gemacht. Die Kinder werden von Anfang an zu interessanten mathematischen Fragestellungen und eigenen Erkundungen angeregt. Andere interessante Zerlegungsübungen bieten die Vierfeldertafeln. Auf jedem der vier Felder liegt eine Anzahl Plättchen. Auf den weißen Summenfeldern steht die Summe der Plättchen in den beiden angrenzenden Feldern (siehe *Abb. 7*). So lassen sich die Rechnungen enaktiv und/oder symbolisch darstellen. Als Fragestellungen bieten sich an: Wie verändern sich die Summen, wenn ich ein Plättchen hinzulege, waagerecht, senkrecht oder diagonal verschiebe? Ist die Summe „oben + unten" immer gleich der Summe „links + rechts"? Wie viele verschiedene Lösungsmöglichkeiten gibt es für die rechte Vierfeldertafel?

Übungen wie „Plättchen werfen" oder „Vierfeldertafeln" sollen und können das Automatisierungstraining natürlich nicht ersetzen. Andererseits darf der Mathematikunterricht aber auch

nicht ausschließlich aus Automatisierungsübungen bestehen. Auch wenn die Zerlegungsübungen weitgehend individualisiert durchgeführt werden, müssen solche Anregungen zum Aufspüren von Mustern in gemeinsamen Unterrichtsphasen erarbeitet und besprochen werden.

▶ Literatur

Berger, Albert u. a.: Das Zahlenbuch. Mathematik im 1. Schuljahr. Leipzig 2000
Grassmann, Marianne: Kinder am alltäglichen Leben teilhaben lassen. In: Grundschule, Heft 10/2005, S. 44–46
Jansen, Herta/Lorenz, Jens Holger: Der Weg zur Automatisierung. In: Grundschule Mathematik, Heft 7/2005, S. 14–17
Jansen, Peter: Basiskurs Mathematik. Aktionsforschung zur Prävention und Behandlung der Rechenschwäche. Heinsberg 2005
Jansen, Peter: Matinko – Mathematik individualisiert und kompetenzorientiert. Ein Lehrgang zur Individualisierung des Klassenunterrichts in der Schuleingangsphase. Coesfeld 2006
Radatz, Hendrik/Schipper, Wilhelm/Dröge, Rotraud/Ebeling, Astrid: Handbuch für den Mathematikunterricht. 2. Schuljahr. Hannover 1998

Lesen Sie weiter

Peter Jansen: Individualisierungskonzepte gemeinsam entwickeln. In: Grundschule, Heft 5/2007, S. 31–33

Bestellen Sie Ihr Exemplar telefonisch unter 0531/708-8631, per E-Mail an abo-bestellung@westermann.de oder unter www.die-grundschule.de.

Plättchen werfen mit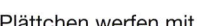

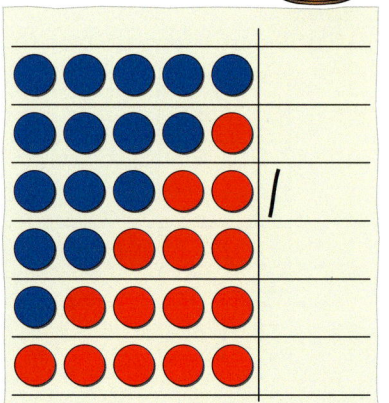

Abb. 6: Plättchen werfen

Zerlegen-Pass von _____

4			4 = 3 + __
5			5 = 3 + __
6			6 = 3 + __
7			7 = 3 + __
8			8 = 4 + __
9			9 = 4 + __
10			10 = 5 + __

1. Schritt: Ein Partner „zerlegt" die Menge mit der Bleistiftspitze. Der andere Partner nennt die Aufgabe.
2. Schritt: Wie viele sind versteckt? Partner deckt eine Teilmenge ab. Der andere Partner nennt die Aufgabe.
3. Schnitt: Aufgaben rechnen. Ein Partner nennt eine Aufgabe. Der andere Partner nennt die Lösung.

4

5

6

7

8

9

10

Flink – schlau – vorsichtig!

Kinder sensibilisieren für mehr Sicherheit im Straßenverkehr

VON ROLF SILLER

Das Abenteuer ist überall. Kinder entdecken immer etwas Interessantes auf ihren Wegen, finden Steine zum Springen und Mauern zum Balancieren. Doch Vorsicht, der Verkehr nimmt keine Rücksicht!

Mobilität macht das Leben von Grundschulkindern interessant, aber auch gefährlich. Auf beides, die Abenteuerlust und die Sicherheit der Kinder, ist Rücksicht zu nehmen. Machen sich Kinder körperlich und geistig fit, stärkt dies ihr Selbstvertrauen. Sie werden umsichtiger und bewegen sich auch sicherer im Verkehr.

Wenn Kindern zugestanden wird, sich in ihrem Umfeld zunehmend freier zu bewegen, nehmen sie diese Freiheit auch in Anspruch und rütteln an den Türen, hinter denen sie die Abenteuer der Welt vermuten. Spontan und voll Energie setzen sie

sich der Faszination rasanter Bewegungen und Geschwindigkeiten aus. Wann und wo immer es sich anbietet, ergreifen sie Möglichkeiten, die Welt zu entdecken, zu erobern und zu erfinden. Doch nicht alle Kinder drängt es gleich impulsiv zur Entfaltung ihrer Bewegungsfreiheit. Der Drang ist vom natürlichen Temperament abhängig, aber auch von den Impulsen, die sie durch Eltern, Geschwister und Freunde erhalten. Der Schule kommt die besondere Aufgabe zu, eventuelle Defizite auszugleichen, den Bewegungsdrang und die Neugier ihrer Schülerinnen und Schüler zu fordern und zu fördern.

VOM VERTRAUEN IN DIE EIGENE MOBILITÄT …

Vertrauen in die eigene Mobilität gibt Kindern das notwendige Gespür für die Möglichkeiten und Grenzen ihrer Freiheit. Es macht sie sensibel für die Anforderungen des Alltags, denen sie im Verkehr begegnen, ermöglicht aber auch eigenverantwortliches Handeln.

Den Rausch der Geschwindigkeit, dem sich Kinder z. B. auf der Schaukel oder beim Fahrradfahren gerne und bereitwillig aussetzen, stoppt manchmal nur ein schmerzhafter Sturz. Auch Anstrengung, Konzentration und Verausgabung zwingen zu einer Verlangsamung des Tempos oder gar zur Ruhe. Über ihre Bewegungen loten Kinder ihre Möglichkeiten aus und stecken deren Reichweite ab.

... BIS ZUM EXPERTEN

Kinder werden mobil, wenn sie sich bewegen. Die Funktionen von Muskeln und Reaktionen lassen sich trainieren. Kinder lernen Mobilität, indem sie ausdauernd üben. Das heißt nicht, dass sie blind immer dasselbe Verhalten wiederholen. Nur „intelligentes" Üben macht schlau. Der Grad der geistigen Verarbeitung ihrer Erfahrungen macht den Unterschied aus: Mit Köpfchen „geht" es besser! Kinder lernen ihre Bewegungs-Strategien zu optimieren, entwickeln Kompetenz und werden zu Experten.

Auch ein Repertoire an reproduzierbarem Wissen zur Verkehrserziehung ist unerlässlich: was Verkehrsschilder bedeuten, bis zu welchem Alter Kinder auf dem Gehweg Fahrrad fahren dürfen, wie man sicher eine Straße überquert u. a. m. In idealer Weise erwerben Kinder diese Kompetenzen im Zusammenspiel der Lernorte Straße und Klassenzimmer.

DIE ARBEIT MIT DEM MATERIAL

Wer zu Fuß unterwegs ist, muss umsichtig sein. Nur bei voller Konzentration auf das, was um einen herum vorgeht, kann man erkennen, was im nächsten Augenblick passieren wird. Wer Situationen richtig einschätzt und Ereignisse vorhersieht, kann zur Sicherheit im Verkehr beitragen. Wenn Kinder dies begreifen, sind sie auch in der Lage, Rücksicht zu nehmen und Verantwortung zu tragen.

Die Bilder auf S. 82–83 zeigen mögliche Gefahren im Straßenverkehr und bieten vielfältige Gesprächsanlässe für den Unterricht. Sie können in Partner- oder Gruppenarbeit eingesetzt werden. Die Kinder versetzen sich in die Lage der dargestellten Personen, greifen die Provokationen als Impulse auf und spielen sie in Dialogen durch: mündlich, schriftlich oder bildlich. Im Klassenverband findet der Austausch mit den Mitschülerinnen und Mitschülern sowie eine weiterführende Anleitung, Unterstützung und Kon-

trolle statt. Folgende Szenen sind dargestellt:

Bild 1: Kinder entdecken auf dem Weg zur Schule ihre Welt. Sie sammeln Schneckenhäuschen und Blätter, finden Interessantes im Sperrmüll, streicheln eine Katze, erkunden einen Kaugummiautomaten. Doch Vorsicht, der Verkehr nimmt keine Rücksicht auf Träumer.

Bild 2: Kinder haben ein deutlich engeres Blickfeld als Erwachsene. Ihre Peripheriewahrnehmung ist begrenzt, aus den Augenwinkeln können sie nur wenig wahrnehmen. Einschätzungen von Entfernungen und Geschwindigkeiten der Fahrzeuge entsprechen nicht der Wirklichkeit, und Geräusche werden schlecht lokalisiert. Die Aufmerksamkeit richtet sich unkontrolliert auf eine einzige Sache. Ein Freund auf der anderen Straßenseite erscheint wichtiger als der Verkehr.

Bild 3: Ihre geringe Körpergröße ermöglicht es Kindern nicht, Verkehrssituationen zu überblicken. Sie können z. B. nicht über parkende Autos hinwegschauen. Der Blick auf die Fahrbahn ist erst frei, wenn das Kind schon auf ihr steht.

Bild 4: Zwei Radfahrer bei Dunkelheit: ein Rad mit eingeschaltetem Licht, Reflektoren sowie heller Kleidung des Fahrers und ein Rad ohne Licht, Reflektoren und einem dunkel gekleideten Fahrer. Der Vergleich macht deutlich, wie wichtig die Kleidung und die Ausstattung des Rades beim Fahrradfahren sind. Diese Situation sollte zur Verdeutlichung in einem abgedunkelten Raum mit einer Taschenlampe und verschiedenfarbiger Kleidung nachgespielt werden.

Bild 5: Bis zum achten Geburtstag müssen Kinder mit dem Fahrrad den Gehweg benutzen, bis zum vollendeten zehnten Lebensjahr können sie ihn benutzen. Doch auch hier lauern Gefahren. Die Kinder können von ihren eigenen Erlebnissen und gefährlichen Situationen berichten.

Bild 6: Wut und Tränen, aber auch Freude und Übermut machen blind. Dabei wird der Verkehr schnell vergessen.

Bild 7: Die Straße ist kein Spielplatz! Leicht kann die Dose vor ein Fahrzeug rollen. Oder der Radfahrer verliert das Gleichgewicht und stürzt auf die Straße.

Bild 8: Auch der Gehweg ist kein Spielplatz. Balancieren auf der Bordsteinkante ist gefährlich. Die Autos fahren oft sehr dicht an dem Gehweg entlang. Und leicht kann man das Gleichgewicht verlieren oder von der Bordsteinkante rutschen.

Sensibilisiert für die Gefahren im Straßenverkehr, verschaffen sich die Kinder einen Überblick über ihren eigenen Schulweg und mögliche Gefahrenstellen: Wie kommen sie zur Schule, ist der Schulweg gefährlich, wie kann der Schulweg sicherer werden? Jeder Schüler bearbeitet die Aufgabe auf S. 84 zunächst alleine. In einem Klassengespräch werden gefährliche Situationen und kritische Verkehrspunkte auf den Schulwegen erörtert. Auf S. 85 können die Kinder die Verkehrszeichen einzeichnen und benennen, denen sie auf ihrem Schulweg begegnen. Besonders wertvoll ist der Unterricht, wenn er konkrete Folgerungen für die Sicherung der Schulwege nach sich zieht, z. B. das gemeinsame Markieren gefährlicher Stellen auf dem Schulweg oder die Organisation von Schülergruppen, die – unter Begleitung eines Erwachsenen – gemeinsam zur Schule gehen. ■

LITERATUR

Siller, R. (Hrsg.): Kinder unterwegs – Schule macht mobil. Verkehrs- und Mobilitätserziehung in der Schule. Donauwörth 2003

Bild 1

Bild 2

Bild 3

Bild 4

ILLUSTRATIONEN: KLAUS HERRMANN

Bild 5

Bild 6

Bild 7

Bild 8

Mein Schulweg

Wie kommst du meistens zur Schule?

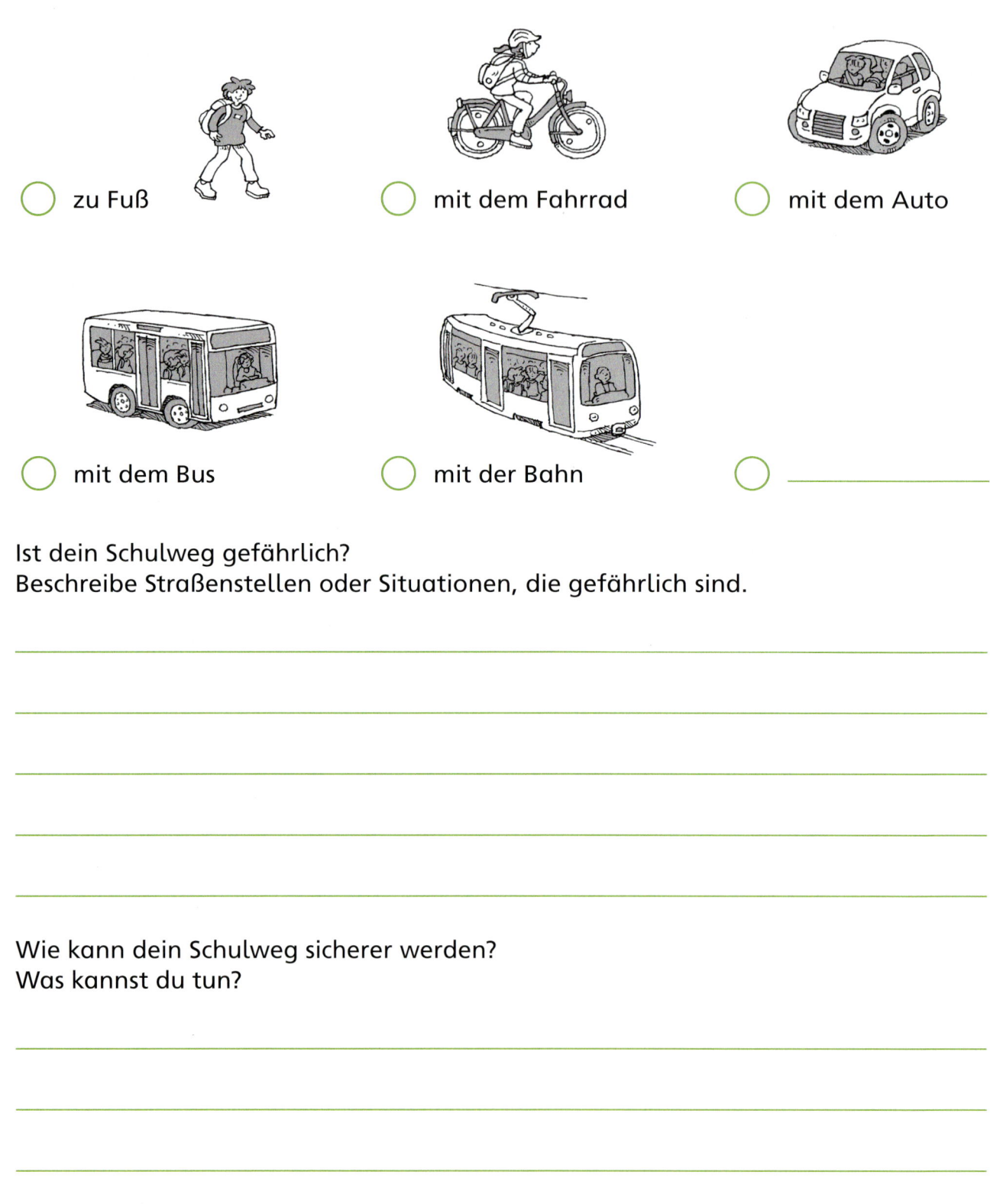

◯ zu Fuß

◯ mit dem Fahrrad

◯ mit dem Auto

◯ mit dem Bus

◯ mit der Bahn

◯ _____

Ist dein Schulweg gefährlich?
Beschreibe Straßenstellen oder Situationen, die gefährlich sind.

_____

_____

_____

_____

_____

Wie kann dein Schulweg sicherer werden?
Was kannst du tun?

_____

_____

_____

_____

_____

ILLUSTRATIONEN: KLAUS HERRMANN

Schilder machen den Verkehr sicher

Halt! Vorfahrt gewähren!	Vorfahrt gewähren!	Vorfahrt	Verbot der Einfahrt
Vorfahrtstraße	Ende der Vorfahrtstraße	Vorgeschriebene Fahrtrichtung – geradeaus und rechts	Einbahnstraße
Gemeinsamer Fuß- und Radweg	Radfahrer	Fußgängerüberweg	Beginn eines verkehrs- beruhigten Bereichs

Welche Schilder findest du auf deinem Schulweg?
Zeichne sie ein und benenne sie.

Bohnen pflanzen und beobachten

Ein Unterrichtsvorschlag zum jahrgangsübergreifenden Lernen

BILD: ISTOCKPHOTO

Abb. 1: Mithilfe der Bohnen erfahren die Kinder etwas über die Wuchsbedingungen von Pflanzen.

Julia Menger

Das Pflanzen und Beobachten von Bohnen ist ein erprobtes Projekt für den Sachunterricht in der Eingangsphase. Es bietet den Kindern Gesprächs- und Schreibanlässe, fördert den Erwerb methodischer Kompetenzen und vermittelt biologische Kenntnisse. Vor allem aber macht es Spaß. Weil es recht leicht durchzuführen ist, eignet es sich in vereinfachter Form auch bereits für den Kindergarten.

JAHRGANGSÜBERGREIFENDES LERNEN in der Schuleingangsphase stellt viele Lehrkräfte vor allem im Sachunterricht vor neue Herausforderungen. Gesucht sind Themen, bei denen sich alle Kinder wiederfinden und einbringen können, bei denen sie unabhängig von ihrem Lernstand mit ihren Fragen und Fähigkeiten etwas zum Unterricht beitragen können. Hierfür sind Unterrichtsprojekte besonders geeignet, da die Kinder auf unterschiedlichen Niveaustufen wichtige Schwer-

ℹ ICH KANN …

▶ die Wachstumsbedingungen von Pflanzen benennen.
▶ eine Pflanzanleitung schreiben oder zeichnen.
▶ eine Bohne säen und die Bohnenpflanze so pflegen, wie sie es benötigt.
▶ das Wachstum von Bohnen beobachten, messen und dokumentieren.

punkte erarbeiten und alle Ergebnisse in Reflexionsgesprächen ausgewertet und zusammengeführt werden können. Einer zu starken Individualisierung des Lernprozesses wird so entgegengewirkt und den Forderungen nach kommunikativem Sachunterricht (Kaiser 2006) und einer Pädagogik der Vielfalt (Prengel 2006) entsprochen. Ein erprobtes Projekt für den Sachunterricht in einer jahrgangsgemischten Klasse in der Eingangsphase ist das Pflanzen und Beobachten von (weißen) Bohnen.

Sensibilisieren für die Problemstellung

Es ist nicht immer davon auszugehen, dass Kinder in ihrem täglichen Umfeld mit Pflanzen und deren Wachstumsbedingungen Erfahrungen sammeln konnten. Ausgangspunkt des Projektes kann daher eine verwelkte Pflanze auf der Fensterbank sein, die einen sehr guten Anlass bietet, mit Kindern über die Ursachen des Verwelkens nachzudenken. Im Unterrichtsgespräch werden die Kenntnisse der Kinder verbalisiert und gemeinsam mit der Klasse diskutiert. Zur Festigung sollen die Wachstumsbedingungen noch einmal als Tipps für die Pflege zukünftiger Pflanzen festgehalten werden (siehe S. 89). Durch die offene Strukturierung des Arbeitsblattes kann jedes Kind gemäß seiner Schreibentwicklung arbeiten. So ist eine Verschriftlichung durch einzelne Wörter bis hin zu ganzen Sätzen möglich, und natürlich kann auch gezeichnet werden. Um die Wachstumsbedingungen (Licht, Wasser, Boden, Wärme) vertiefen und die Vermutungen überprüfen zu können, bieten sich kleinere Experimente an: Eine Pflanze wird nach der Saat in den Schrank gestellt, eine nicht gegossen, eine weitere aus der Erde genommen und eine letzte zu großer Wärme oder Kälte ausgesetzt. Hierzu können natürlich auch schneller keimende Pflanzen verwendet werden, z. B. Gartenkresse oder Senf.

Erarbeitung der Pflanzanleitung

Damit die Bohnen gut keimen und wachsen können, ist es notwendig, gemeinsam mit den Schülerinnen und Schülern eine Pflanzanleitung zu erarbeiten. Dabei können die Erfahrungen der einzelnen Kinder gesammelt, strukturiert und gebündelt werden, sodass schließlich alle wesentlichen Handlungsschritte bekannt sind. Die benötigten Materialien und die Anleitung werden zunächst mündlich gefestigt und schließlich auf den Arbeitsblättern verschriftlicht (siehe S. 90–91). Zahlreiche Differenzierungsangebote machen es möglich, dass jedes Kind erfolgreich arbeiten kann. Einzelne Wörter sind ebenso möglich wie das Schreiben ganzer Sätze, wodurch der Textumfang je nach Leistungsvermögen frei wählbar ist. Kinder, die noch nicht schreiben können, bekommen ein Blatt mit großen Kästen, in die sie die wesentlichen Schritte einzeichnen können. Für Kinder, die schon besser lesen und schreiben können, aber mit der eigenen Formulierung von Sätzen Schwierigkeiten haben, kann eine „Tippkarte" eine Hilfe sein. Auf sie werden die Sätze der Pflanzanleitung durcheinander notiert, sie müssen dann nur noch zugeordnet werden. Nach der Verschriftlichung sollten die Pflanzanleitungen zur Sicherung und Würdigung präsentiert werden. Das kann als erste Minischreibkonferenz geschehen oder gemeinsam mit der Klasse.

Vorbereitung und selbstständiges Planen

Auf der ersten Seite der Pflanzanleitung finden die Kinder eine Zusammenfassung aller benötigten Materialien. Im Sinne des eigenverantwortlichen Arbeitens sollten die Kinder ihren Pflanztag selbstständig planen. Dazu können sie gemeinsam mit ihrem Partner oder ihrer Partnerin besprechen, wer welches Material mit-

Abb. 2: Gleich wird der Keimling eingesetzt. Die verschiedenen Arbeitsschritte erfolgen in Partnerabeit.

Foto: Julia Menger

bringt. Jedes Kind muss die Verabredungen zuverlässig einhalten, da andernfalls das Team nicht pflanzen kann. Liegen alle Materialien bereit, kann es losgehen. Die Pflanzanleitung hilft, Schritt für Schritt vorzugehen und nichts zu vergessen.

Dokumentieren mit dem Forscherbuch

Nach der Saat müssen die Kinder etwa eine Woche warten, bis die ersten Veränderungen zu sehen sind. Wichtig ist während dieser Zeit, dass die Erde eher trocken gehalten wird. Erst wenn die erste Keimwurzel und das erste Keimblatt zu sehen sind, sollte wieder etwas mehr gegossen werden. Die Kinder sind mit Sicherheit begeistert, wenn sie die ersten Anzeichen der Keimung erkennen können. Deshalb sind sie auch sehr motiviert, jede einzelne Veränderung in ihrem Forscherbuch zu dokumentieren.

 MATERIALIEN UND ARBEITSSCHRITTE

Das wird benötigt:
(getrocknete) weiße Bohnen oder Ackerbohnen (*Vicia faba*) aus der Samenhandlung oder dem Supermarkt, eine Schale mit Wasser, ein Blumentopf, einige Tonscherben, ein kleiner Pflanzspaten, Blumen- oder Anzuchterde, eine kleine Gießkanne.

Das sind die Arbeitsschritte:
▶ Bohnen einweichen (1 Tag oder über Nacht).
▶ Die Tonscherben auf den Boden des Blumentopfes legen.
▶ Den Topf zu ⅔ mit Blumenerde füllen.
▶ Mit dem Finger oder einem Stab ein Loch in die Erde bohren (ca. 5 cm), und den Keimling hineinlegen. Das Loch mit Erde füllen.
▶ Den Keimling angießen.

GEFÖRDERTE METHODEN UND KOMPETENZEN

Wesentliche Aufgabe des Sachunterrichts ist es, den Erwerb methodischer Kompetenzen zu fördern (vgl. Kahlert 2002, S. 213). Diese Tabelle zeigt die Vielzahl der Methoden und Kompetenzen, die durch die dargestellte Unterrichtseinheit gefördert werden und verdeutlicht, von welch hohem didaktischen Wert die einzelnen Teilthemen sind.

Erarbeitung der Pflanzanleitung	Pflege von Pflanzen	Dokumentation im Forschertagebuch
Beschaffen, bewerten, interpretieren von Informationen – sich sachkundig machen	Vertiefendes Verständnis natürlicher Zusammenhänge und Kreisläufe	Genaues Betrachten zur Datengewinnung
Aufgaben einteilen – Arbeit planen	Einsicht in die Mitverantwortung des Menschen bei der Erhaltung der Natur	Messen, untersuchen, mündlich beschreiben
Verlässliches Einhalten von Absprachen	Einsicht, dass es für Pflanzen spezifische Lebensbedingungen gibt	Dokumentation durch Zeichnungen und Textproduktionen
Genaues Befolgen einer Anleitung	Stärkung der Selbst- und Sozialkompetenz durch authentische Verantwortung	Präsentation von Arbeitsergebnissen

Ein Forscherbuch kann leicht selbst angelegt und individuell gestaltet werden. Damit kann bereits beim Einweichen der Bohnen begonnen werden. Die Kinder werden mit Erstaunen feststellen, dass die Bohne sehr viel Wasser aufnimmt und dadurch sehr viel größer wird. Es bietet sich also an, die Bohnen auszumessen und miteinander zu vergleichen. Das fördert das genaue Hinschauen und Interpretieren der gewonnenen Daten. Diese wichtigen Basiskompetenzen werden ebenfalls geschult, wenn die Kinder die einzelnen Wachstumsstadien zeichnen und die wichtigsten Veränderungen aufschreiben. Der Umgang mit Messwerkzeugen (zunächst Lineal, später Zollstock) wird dabei genauso gefördert wie das Schreiben und die sprachliche Ausdrucksfähigkeit.

Bereits vor der Einheit sollte man jedoch bedenken, dass Bohnen sehr hoch wachsen und bereits nach kurzer Zeit nicht mehr auf der Fensterbank stehen bleiben können. Ein kleines Beet auf dem Schulgelände reicht aus, um die Pflanzen umzusiedeln und schon bald die ersten eigenen Bohnen ernten zu können.

Foto: © Pitopia, Max 2011

Abb. 3: Werden die Keimlinge zeitversetzt gepflanzt, können die Kinder die Entwicklungsstadien sehr gut vergleichen.

 KINDERBUCHTIPP

Mithilfe des Kinderbuchs „Kasimir pflanzt weiße Bohnen" von Lars Klinting kann eine neue, fächerübergreifende Perspektive eröffnet werden, die sich besonders gut für das jahrgangsübergreifende Lernen in der Eingangsphase eignet. Die beiden befreundeten Biber Kasimir und Frippe sind betrübt über die verwelkte Pflanze auf der Fensterbank und beschließen, aus weißen Bohnen eine neue zu pflanzen. Dabei ist Kasimir der besonnene und ruhige Gärtner, während Frippe ungeduldig jeden Tag die Töpfe beobachtet und die ersten Keimblätter sehnlichst erwartet. Liebevoll und in angemessener Sprache werden hier das Wachsen und Gedeihen von Pflanzen sowie deren Aussaat und Pflege bebildert und beschrieben.

Lars Klinting: **Kasimir pflanzt weiße Bohnen**. Verlag Friedrich Oetinger. Hamburg 1998. 36 S., € 9,90

LITERATUR

Hempel, Marlies (Hrsg.): Lernwege der Kinder. Subjektorientiertes Lernen in der Grundschule. Schneider Verlag Hohengehren. Baltmannsweiler 2002

Kahlert, Joachim: Der Sachunterricht und seine Didaktik. Verlag Julius Klinkhardt. Bad Heilbrunn 2002

Kaiser, Astrid: Neue Einführung in die Didaktik des Sachunterrichts. Schneider Verlag Hohengehren. Baltmannsweiler 2006

Klinting, Lars: Kasimir pflanzt weiße Bohnen. Oetinger. Hamburg 1998

Prengel, Annedore: Pädagogik der Vielfalt. VS Verlag für Sozialwissenschaften. Wiesbaden ³2006

Reeken, Dietmar von (Hrsg.): Handbuch Methoden im Sachunterricht. Schneider Verlag Hohengehren. Baltmannsweiler 2009

Was brauchen Pflanzen zum Wachsen?

Was ist hier nur schiefgegangen?

Das braucht eine Pflanze zum Wachsen:

Pflanzanleitung (Teil 1)

Das braucht man zum Pflanzen:

Blumentopf

Tonscherben

Pflanzkelle

Blumenerde

Gießkanne

Vorbereitung:

_____

_____

_____

_____

_____

_____

_____

Pflanzanleitung (Teil 2)

So werden die Bohnen eingepflanzt:

1.

_____

_____

_____

_____

_____

_____

2.

_____

_____

_____

_____

_____

_____

3.

_____

_____

_____

_____

_____

_____

So wächst eine Bohne

Datum der Saat: _____

Datum der Keimung: _____

Dieses Forscherbuch gehört: _____

Tag: _____

_____

_____

_____

_____

_____

_____

_____

_____

_____

_____

ILLUSTRATIONEN: REBECCA MEYER

Vom Arbeiten und Ausruhen

Wimmelbilder zum Thema Arbeit

Arbeitende Menschen begegnen uns überall und jederzeit. Dabei ist es kein Zufall, wie in einer Gesellschaft gearbeitet wird und was als Arbeit gilt: Wer das gesellschaftliche Zusammenleben der Menschen verstehen will, muss beobachten, wie die anfallenden Arbeiten in einer Gesellschaft organisiert und reguliert werden ...

Volker Schwier

NICHTS SPRICHT DAGEGEN, schon in der Elementar- oder frühen Primarstufenphase Angebote zu entwickeln, die Kinder in ihrer Wahrnehmung von Arbeitenden und deren Arbeit unterstützen. Es soll jedoch nicht darum gehen, Kinder frühzeitig für ein bestimmtes Arbeitsethos einzunehmen oder sie in vorherrschende Arbeitsverhältnisse einzupassen. Die entwickelten Vorschläge zielen auf etwas anderes ab: Eigene Beobachtungen und die Beschäftigung mit „Arbeit" soll den Kindern dazu verhelfen, eine zunehmend differenzierte Vorstellung davon zu entwickeln, wie und warum gearbeitet wird. Zum anderen wird ihre gegenwärtige und zukünftige Handlungsfähigkeit gestärkt, denn die Gesellschaft, in der sie aufwachsen, ist in hohem Maße von (Konflikten um) Arbeit, Arbeitszeiten und -formen, Entlohnungen und Arbeitslosigkeit geprägt.

Fehlende Schreib- und Lesekompetenzen und eine nicht voraussetzbare Begriffs- oder Kategorienbildung stehen einer Thematisierung von „Arbeit" ab dem Kindergarten nicht entgegen. Eine möglichst frühzeitige Sensibilisierung für die Arbeitsverhältnisse der Gesellschaft kann vielmehr helfen, arbeitsbezogene Erlebnisse und Erfahrungen der Kinder aufzugreifen, zu klären und in der Konfrontation mit den Erfahrungen anderer Kinder zu erweitern.

Wer arbeitet hier?

Auf dem Wimmelbild auf S. 95 sind zahlreiche Alltagssituationen dargestellt. Neben vielen anderen Ereignissen können die Kinder hier Menschen bei der Arbeit entdecken: im Büro, Hotel, Café, auf dem Markt, in der Werkstatt, bei der Feuerwehr, Polizei, beim Friseur etc. Zu sehen sind auch Menschen, bei deren Tätigkeiten uneindeutig oder strittig bleibt, ob es sich um Arbeit handelt (Personen beim Einkaufen, Taubenfüttern, Hundausführen, im Straßenverkehr etc.). Damit eröffnet die Abbildung mit den aus dem Alltag gegriffenen Szenen ebenso wie das Wimmelbild auf Seite 97 vielfältige Möglichkeiten, über Arbeit zu diskutieren. Ausgehend von einzelnen Szenen bietet sie den Kindern Anlässe, eigene Erlebnisse und Erfahrungen mit „Arbeit" zu schildern und diese in Bezug zu setzen zu den Erzählungen der anderen Kinder. Die Beobachtung von Arbeit und Arbeitsverhältnissen ist nicht gleichbedeutend mit einem Verständnis der Arbeitsgesellschaft. Dennoch ist die Einbeziehung der Erfahrungen der Kinder eine unhintergehbare Voraussetzung für nachfolgende Lernprozesse.

Anschließend bekommen die Kinder den Auftrag, mit verschiedenen Farbstiften einzukreisen, wo Menschen auf dem Bild etwas tun:

- Wer von den Menschen arbeitet gerade? (rot)
- Wer arbeitet nicht? (blau)
- Welche Tätigkeit ist besonders mühsam und anstrengend? (schwarz)
- Wo gibt es noch etwas zu tun? (grün)
- Welche Arbeiten müssen regelmäßig (an jedem Tag, in jeder Woche) erledigt werden? (gelb)
- Welche Beschäftigung gefällt dir besonders gut? (farbig ausmalen)

✂ EIN KARTENSPIEL

Benötigte Materialien:

- stabile Pappkartons für die Beobachtungsrahmen und die Spielkarten
- Zeitschriften und Prospekte
- Schere und Teppichmesser
- Klebstoff
- Farbstifte
- Zeichenpapier
- Wäscheklammern

Jedes Kind bekommt eine Vorlage des Beobachtungsrahmens (siehe S. 96), die zunächst bunt bemalt werden kann. Anschließend wird der Rahmen an der äußeren Kante ausgeschnitten, auf stabilen Pappkarton geklebt und an der äußeren und inneren Kante ausgeschnitten, sodass ein „Fenster" entsteht. Am unteren Eck kann nun eine Wäscheklammer befestigt werden, die als „Griff" für den Beobachter dient.

Die Innenkante des Beobachtungsrahmens dient als Schablone für die Karten. Aus Zeitschriften und Prospekte werden Bilder ausgeschnitten und aufgeklebt.

Sicher sind sich hier nicht alle Kinder immer einig. Im Gespräch kann jedes Kind seine Meinung deutlich machen und Gründe für die Entscheidung nennen. Die Tätigkeiten, über die es verschiedene Meinungen gibt, können in mehreren Farben eingekreist werden.

Ein eigenes Wimmelbild …

Das Anfertigen eines eigenen Wimmelbildes ist ein reizvolles Projekt: Zwei Packpapierrollen (oder Tapeten, Zeitungspapierrollen) werden mit Klebestreifen aneinandergeklebt und an der Wand befestigt. Man braucht einen Stapel alter Illustrierten und Werbeprospekte, aus denen die Kinder Bilder von arbeitenden Menschen ausschneiden. Die Bilder werden dann, gemeinsam mit der Erzieherin oder dem Erzieher, so auf den Bogen geklebt, dass ein attraktives Wimmelbild entsteht, das wiederum viele Gesprächsanlässe bieten kann – z. B. über die Frage, welchen Tätigkeiten die Eltern, Verwandten, Nachbarn der Kinder nachgehen.

… und Spielkarten herstellen

Mit ähnlichen Bildern können gruppenweise Kartenspiele gestaltet werden (siehe Kasten links). Hier ist es nötig, Kategorien zu finden, z. B. „Arbeiten – Ausruhen". Um die passende Ausschnittgröße (9 x 6 cm) für die Karten zu finden, können die Kinder einen „Beobachtungsrahmen" (siehe S. 96) anfertigen. Mit diesem gehen sie in Zeitschriften und Prospekten auf die Suche nach Bildern von arbeitenden Menschen und Menschen in der Freizeit. Natürlich können auch eigene Bilder gemalt werden. Hier dient der innere Ausschnitt des Beobachtungsbogens als Schablone für die Größe der Spielkarten.

Die fertigen Karten bieten viele Einsatzmöglichkeiten, z. B. als

- Reaktionsspiel: Die Spieler sitzen im Kreis; alle Karten werden gleichmäßig verteilt. Jeder Spieler hat seinen Kartenstapel ver-

deckt vor sich liegen. Ein Spieler deckt die oberste Karte auf und legt sie in die Mitte; alle Mitspieler reagieren: Bei Abbildungen, auf denen Arbeiten abgebildet sind, stehen alle auf und ahmen die entsprechende Geste nach; bei aufgedeckten Freizeitbeschäftigungen passiert nichts. Wer als Letzter oder falsch reagiert, muss die Karte aus der Mitte nehmen. Wer alle Karten zuerst ablegen kann, hat gewonnen.

- Gedächtnis-Spiel: Die Kinder sehen sich alle Karten gemeinsam an. Sie verständigen sich vorab und markieren mit einem Farbmuster am Kartenrand, welche zwei Karten jeweils ein Kartenpaar bilden (z. B. Menschen in vergleichbaren Situationen: beim Ausruhen, im Schwimmbad, in einer Fabrik). Um das Spiel zu vervollständigen, können noch weitere Arbeits- und Ausruh-Situationen ergänzt werden. Der Spielverlauf entspricht einem Memory-Spiel. ◼

Name:

Ein Beobachtungsrahmen

Von Luft und Klima

Experimente im Anfangsunterricht

Abb. 1: Experimente mit Luft sind gut für den Anfangsunterricht und Kindergarten geeignet. Auch ein Protokoll führen die Kinder bereits.

Foto: Katrin Jawork

Katrin Jawork/Constanze Petzke

In jeder Gemeinschaft, auch im Kindergarten und in der Schule, kommt es gelegentlich zu Streitereien. Das Gruppenklima ändert sich dann. Kinder spüren, dass innerhalb ihres Umfeldes „plötzlich etwas anders ist". Darüber, wie sich die Atmosphäre wandeln kann, philosophieren wir mit ihnen in der ersten Klasse: Woran merkt man, wenn sich etwas ändert? Können wir „das Klima", die „dicke Luft", sehen oder gar anfassen, riechen, spüren?

IM GESPRÄCH FINDEN die Kinder heraus, dass wechselnde Freundesbeziehungen, krankheitsbedingtes Fehlen und das Hinzukommen neuer Kinder stets Auswirkungen auf das Klassenklima haben. Außerdem bemerken sie, dass ihre Gemeinschaft ständig in Bewegung ist und „handfeste" Auseinandersetzungen bei allen Beteiligten Spuren hinterlassen, die nicht immer offen sichtbar sind. Da bewegt sich also im Gruppenklima etwas, das man nicht immer sehen kann, und es hinterlässt Spuren. Etwas, das sich bewegt und das man nicht sieht, gibt es auch in der Welt, die Erwachsene „natürliche Umwelt" und Kinder einfach „Wirklichkeit" nennen. Ein Rätsel: Etwas, das wir nicht sehen, das aber „irgendwie da sein muss". Die Kinder wissen die Antwort: Luft.

Experimente mit Luft

Wie können wir zeigen, dass Luft da ist? Kleine Detektiv-Gruppen werden gebildet und beratschlagen, was zu tun ist.

Eine Gruppe kommt auf die Idee, einfach einen Luftballon aufzublasen, denn dann sehe man deutlich, dass „da ja was drin ist". Wir vergleichen das Gewicht eines luftgefüllten Ballons mit einer leeren Ballonhülle gleicher Größe. Dazu richten wir einen Schaschlikspieß als Balkenwaage her und damit ist deutlich zu sehen, dass Luft ein Gewicht hat (siehe Abb. 2). Gemeinsam probieren wir weiter (siehe S. 100–102):

- ▶ Anpusten der Haut — Erkenntnis: Luft kann man fühlen.
- ▶ „Tischfußball" mit einem Wattebällchen oder Tischtennisball spielen — Erkenntnis: Luft treibt an.
- ▶ Selbst die Luft anhalten — Erkenntnis: Luft ist lebensnotwendig.
- ▶ Einen Papierflieger bauen — Erkenntnis: Luft trägt.

► „Tanzende Schlange" über einem Heizkörper — Erkenntnis: Warme Luft steigt nach oben.
► Verschiedene Gerüche in Filmdosen — Erkenntnis: Luft nimmt Duftstoffe auf.

Beim letzten Versuch fragen wir die Kinder, wie es dazu kommen kann, dass der Geruch in den Dosen bleibt. Sie vermuten, dass es „vielleicht jemanden gibt, der in der Dose ist und den Duft festhält". Vielleicht ist Luft wie ein Kissen aus vielen kleinen Teilchen, in denen die Gerüche „eingefangen" und festgehalten werden. Diese Vorstellung bilden sie auf Collagen ab.

Durch die Teilchen hat die Luft „ein Gesicht" bekommen. Jetzt wollen die Kinder selbstständig forschen. Als „Detektive der Luft" sind sie dem „Nichts auf der Spur".

Wir Erwachsenen erinnern uns daran, den Kindern viel Freiraum zu gewähren, denn „wichtiger als das Faktenwissen ist die Erfahrung des Experimentierens" (Elschenbroich 2005, S. 111). Wir achten darauf, dass die Experimente ungefährlich sind, dass die Kinder ihre Euphorie nach Hause tragen und die Versuche dort mit Haushaltsgegenständen wiederholen können. Aber auch eine zeitliche Begrenzung ist uns wichtig: Nach unseren Beobachtungen lassen Interesse und Konzentration nach etwa zehn Minuten nach.

Unsere Untersuchungen zum Thema Luft bilden keine streng logisch aufgebaute Sequenz, aber wir können die Erfahrungen der Kinder aus den vorhergehenden Tätigkeiten nutzen, als es um den Vergleich von warmer und kalter Luft ging.

Wir bieten die Versuche für das Stationenlernen an und laden die Kinder dazu ein, nach Wunsch als Zweierteam oder in einer Kleingruppe zu arbeiten. Dazu gibt es Experimentierkarten — eine besondere Herausforderung, denn sie müssen möglichst textfrei und auf jeden Fall selbsterklärend sein.

Foto: Katrin Jawork

Abb. 2: Die Ballonwaage zeigt, dass Luft ein Gewicht hat.

<table>
<tr><td colspan="2">ℹ️ AUF EINEN BLICK</td></tr>
<tr><td>Zeit</td><td>2 Unterrichtsstunden, kann leicht ausgebaut werden</td></tr>
<tr><td>Kompetenzen</td><td>Ich kann …
► Dinge in der Natur beobachten, Vermutungen vortragen und mit anderen diskutieren, die das Beobachtete erklären.
► Beobachtungen und Vermutungen so festhalten, dass sie anderen erklärt werden können.
► Zusammenhänge von „Luft" und „Klima" beschreiben.</td></tr>
<tr><td>Inhalte</td><td>Gespräche und Versuche über Luft und Klima, Einführung des Teilchen-Konzepts</td></tr>
<tr><td>Voraussetzungen</td><td>Keine</td></tr>
<tr><td>Material</td><td>► Tischplatte als Spielfeld für den Tischfußball, 1 Tischtennisball (oder Wattebausch), Strohhalme
► Papier für Papierflieger
► Papier, Faden, Nadel für die Wärmeschlange</td></tr>
</table>

Es ist wichtig, dass die Kinder von Anfang an alles notieren bzw. mit Skizzen festhalten. Sie führen ein Lerntagebuch, das ihnen dabei hilft, sich nach dem Experimentieren an das Vorgehen erinnern zu können. Anhand ihrer Skizzen sind sie in der Lage, das jeweilige Experiment auch anderen Kindern zu erklären. Es ist eine Protokollführung, die gelernt sein will. Gemeinsam finden wir Kürzel aus Bild und Wort, die jeden Versuch klar und einfach festhalten (siehe Abb. 1).

Verschmutzte Luft

Luft ist nicht „nichts", und manchmal kann man sie auch sehen. Die Kinder berichten von dunkler und verschmutzter Luft: Auspuffgase von Autos, Rauch aus Schornsteinen und Qualm von Zigaretten. Es gibt offenbar zwei Arten von Luft: saubere und verschmutzte. Und es gibt einen Zusammenhang mit unserer Gesundheit, denn es ist ungesund, verschmutzte Luft zu atmen.

Wir bleiben dem Klima auf der Spur — dem in unserer Gruppe und dem, das die Luft verändert. ◾

LITERATUR
Donata Elschenbroich: Weltwunder. Kinder als Naturforscher. Antje Kunstmann Verlag. München 2005

LESEN SIE WEITER
Weltwissen Sachunterricht, H. 1/2006: Mitten im Luftmeer
Einzelbeiträge zum Herunterladen
unter www.westermann-fin.de
und www.weltwissen-sachunterricht.de.
Oder auf der Archiv-DVD der Jahrgänge 2006–2009,
zu bestellen unter Telefon 0531/708-8631.

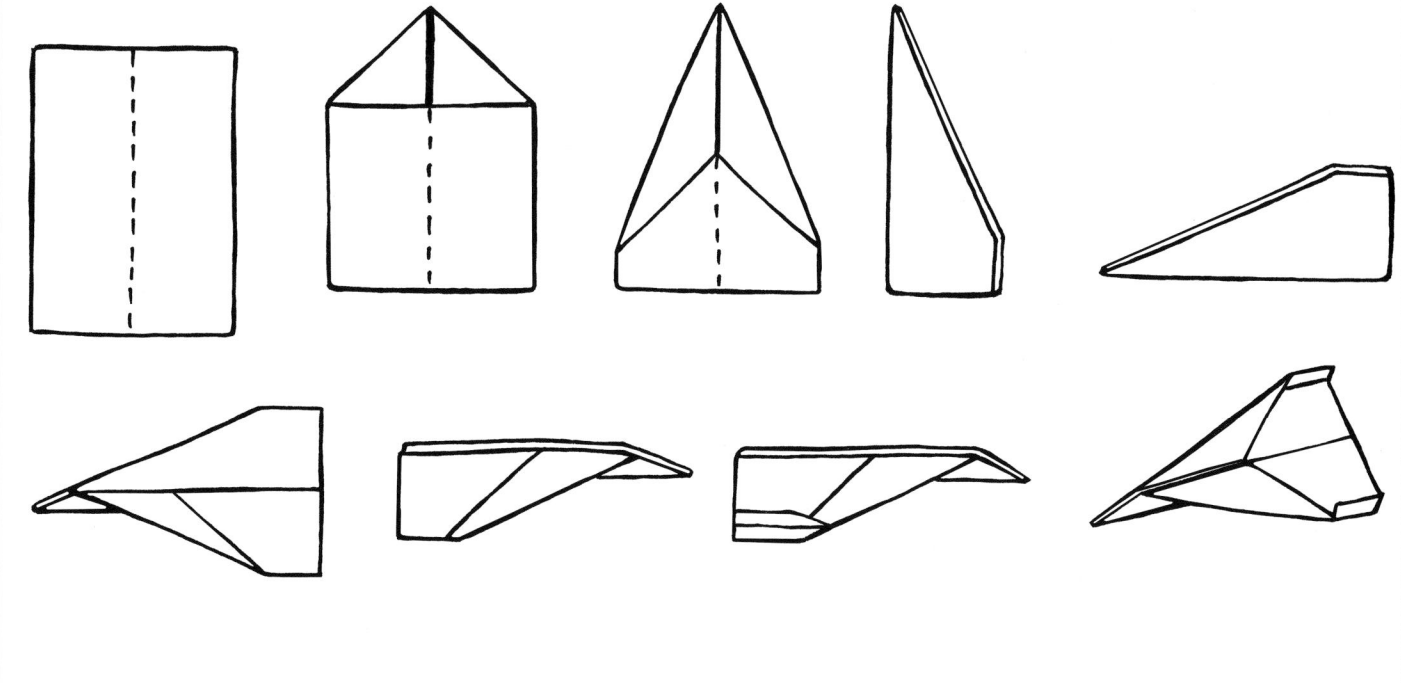

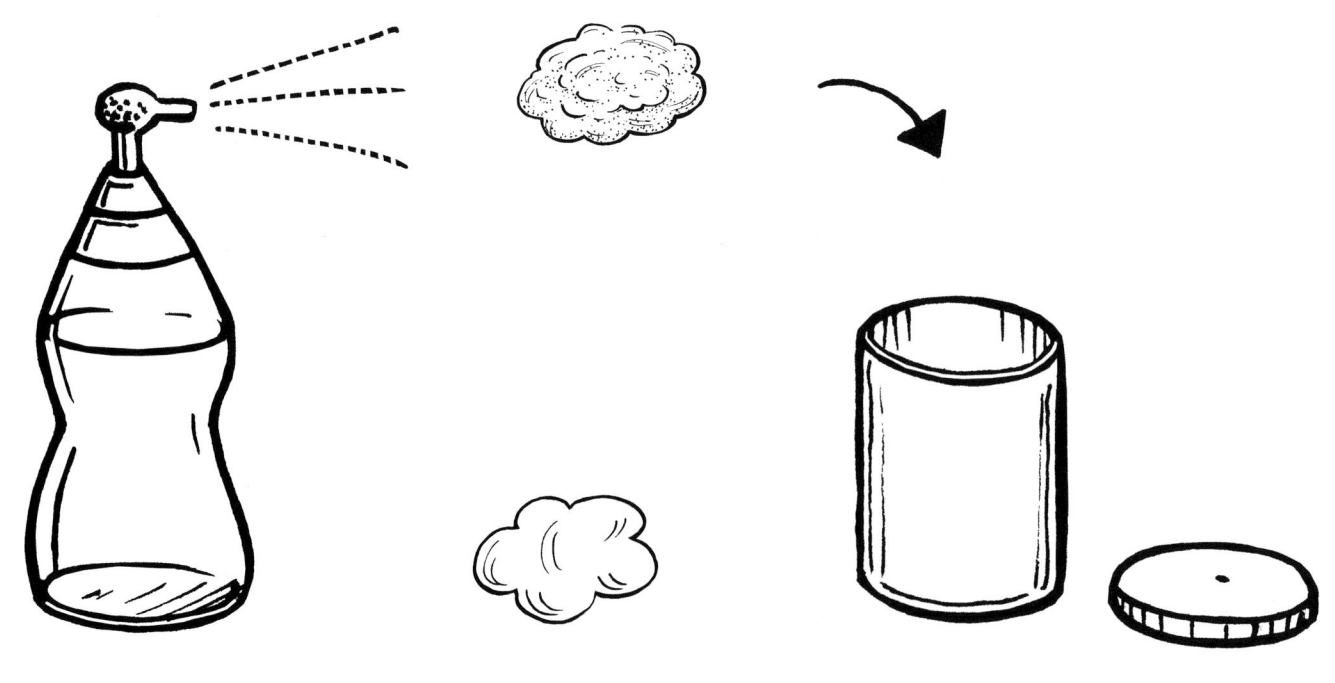

Spielend Englisch lernen

Kleine Spiele und das Thema Toys im Anfangsunterricht

VON KIRSTIN JEBAUTZKE

Es gibt eine Vielzahl an Spielen, die nicht nur unterhalten, sondern auch einen spürbaren Lerneffekt haben. Warum also das Spielen nicht sinnvoll nutzen? Lernen darf und muss abwechslungsreich sein – das Spiel per se muss dazu nicht im Widerspruch stehen. Allerdings müssen die Spiele gut vorbereitet sein und in einem sinnvollen Bezug zum Unterricht stehen.

Die Lehrpläne aller Bundesländer legen fest, dass die Schülerinnen und Schüler am Ende der Grundschulzeit das Niveau A1 (oder höher) erreicht haben sollen. „Der Englischunterricht zielt zum einen auf den Erwerb grundlegender elementarer sprachlicher Mittel sowie konkreter kommunikativer Fähigkeiten und Fertigkeiten, die die Schülerinnen und Schüler in lebensnahen Situationen erproben und festigen können." (Lehrplan Englisch in der Grundschule, NRW – Aufgaben und Ziele). Unterschiedlich detailliert wird festgelegt, wie dies konkret erreicht werden kann.

FOTO: ISTOCKPHOTO

Whisper race – ein beliebtes Spiel für den Englischunterricht.

SPIELE IM FREMDSPRACHENUNTERRICHT

Mit Spielen lernen die Kinder insbesondere im Anfangsunterricht gern und gut. Zu einem Zeitpunkt, zu dem die sprachlichen Ausdrucksmöglichkeiten in der Fremdsprache noch begrenzt sind, bietet das Spiel authentische Kommunikationsanlässe, die auf einem sehr einfachen Niveau die Anwendung der Sprache sinnvoll und wichtig machen. Durch die spielerische Form sind viele Kinder zudem „entspannter" und trauen es sich eher zu, das neue Wissen einzusetzen.

Die gängigsten Spiele im Fremdsprachenunterricht sind Sprachspiele, Bewegungsspiele und Rollenspiele. Dabei spielen Sprach- und Bewegungsspiele im Anfangsunterricht eine besondere Rolle.

- Sprachspiele: Das Ziel der Sprachspiele ist die Festigung gelernten Wortschatzes und gelernter Strukturen. Dabei werden bekannte Spiele abgewandelt, wie z. B. Schiffe versenken, *Bingo, Jeopardy, Taboo* und viele andere.

- Bewegungsspiele im Fremdsprachenunterricht sind meistens eng an die Sprachspiele gekoppelt. Klassiker sind hier *Simon says* oder *What's the time, Mr Wolf?* – aber es gibt natürlich auch noch viele andere Ideen, Bewegungen mit dem Lernen zu verbinden.

WIMMELBILD UND BILDKARTEN

Das Thema „Toys" ist am Anfang der Schulzeit für viele Kinder interessant. Mit den beiliegenden Bildkarten (s. S. 108 u. 110) lassen sich viele Spielideen umsetzen – in der Doppelung nur mit den Bildkarten, ggf. aber auch in Kombination mit den Wortkarten (Paare finden, Domino, Quartett, Snap!). Die Spielekartei (s. S. 105–106) bietet weitere Anregungen bzw. Impulse für zusätzliche Ideen. Auch kurze Partnerdialoge, bei denen die Kindern Karten gezielt austauschen (*I like my ...*) oder sich danach fragen (*Have you got a ...? – Yes, I have. / No, sorry.*), lassen sich mit den Bild- und/oder Wortkarten sehr gut realisieren. In jeder Ausgabe der TAKE OFF! finden sich deshalb der zentrale Wortschatz in

Bildform, um das Englischlernen möglichst attraktiv zu unterstützen. Selbstverständlich lassen sich die Bild- und Wortkarten auch zu einer persönlichen Lernkartei zusammenstellen – damit bekommt das „Vokabellernen" einen besonderen Reiz und funktioniert auch nachhaltig.

In Kombination mit einem Wimmelbild (s. S. 107) ist es möglich Bildkarten so einzusetzen, dass eine Bildbetrachtung immer wieder neue Impulse bietet: *Where's the ...? Can you find the ...?* Davon abgesehen bieten Wimmelbilder ohnehin die Grundlage für unzählige Gesprächsanlässe im Fremdsprachenunterricht. Das kann ein Farbdiktat sein, eine Partneraufgabe oder eine Präsentation – je nach den sprachlichen Möglichkeiten der Schülerinnen und Schüler. Anhand der Kopiervorlagen wird deutlich, dass im Englischunterricht der Grundschule auf jeden Fall eine Menge gelernt wird – und zwar im besten Sinne des Wortes spielerisch. ■

LITERATUR

Hoppe, H.: Pädagogische Funktionen und Implikationen des Kinderspiels. In: Kreuzer, Karl Josef (Hrsg.): Handbuch der Spielpädagogik. Band 1: Pädagogische, psychologische und vergleichende Aspekte. Düsseldorf 1983, S. 159–180

Ministerium für Schule und Weiterbildung des Landes Nordrhein-Westfalen: Lehrplan Englisch in der Grundschule, www.standardsicherung. schulministerium.nrw.de/cms/angebote/egs/ lehrplan

Piepho, H.-E.: Lerneraktivierung im Fremdsprachenunterricht. „Szenarien" in Theorie und Praxis. Hannover 2003

Schenk-Danzinger, L.: Zur entwicklungspsychologischen Bedeutung des Spiels. In: Kreuzer, Karl Josef (Hrsg.): Handbuch der Spielpädagogik. Band 1: Pädagogische, psychologische und vergleichende Aspekte. Band 2: Spiel im frühpädagogischen und schulischen Bereich. Düsseldorf 1983, S. 370

True or false chairs

Vocabulary: alle Themenbereiche
Aim:
Hörverständnis trainieren mit Bewegung
What to do:
Die Stühle der Klasse werden in zwei Reihen aufgestellt: eine *true*-Reihe und eine *false*-Reihe. L formuliert Aussagesätze, z. B.
Your grandparents played / used to play with a spinning top. True or false?
S setzen sich auf einen Stuhl in der entsprechenden Reihe und die Aussagen werden überprüft. Wer die falsche Reihe gewählt hat, scheidet aus.
Variations:
S formulieren/schreiben im Vorfeld Aussagesätze passend zum Themenkreis, die in dem Spiel verwendet werden.
Sollten die Stühle nicht reichen, kann man auch die Klasse mit einem Kreidestrich auf dem Boden in *true*- oder *false*-Hälften teilen.

Guess what

Vocabulary: alle Themenbereiche
Aim:
Fragen formulieren
Resources:
Bildkarten, Wäscheklammern
What to do:
Jedem Kind wird mit einer Wäscheklammer eine Bildkarte auf den Rücken geheftet.
S bewegen sich durch den Raum. Durch Fragen an ihre Mitschüler, die mit *yes* oder *no* beantwortet werden, müssen sie herausfinden, welchen Gegenstand sie auf dem Rücken tragen. *Is it red?* Wer sein Wort erraten hat, bekommt ein neues von L auf den Rücken geheftet.
Variations:
Das Spiel kann auch mit Wortkarten gespielt werden, dann muss der Mitschüler das Wort erlesen, um die Fragen richtig zu beantworten.

Whisper race

Vocabulary: alle Themenbereiche
Aim:
Verstehen (Erlesen) und richtiges Nachsprechen von Wörtern und Sätzen
Resources:
Bild- oder Wortkarten
What to do:
Diese Abwandlung von *Chinese whispers* macht das Spiel noch spannender, weil es einen Gewinner gibt. L legt vor zwei Teams, deren Mitspieler jeweils nebeneinandersitzen, einen Stapel mit Bild- oder Wortkarten. Die Karten sind identisch und in der gleichen Reihenfolge. Kind Nummer 1 nimmt jeweils die erste Karte, flüstert das Wort dem Nachbarn zu, der gibt es weiter, bis der letzte Spieler das Wort laut sagt. Ist es richtig, darf das schnellere Team die Karte behalten.

Roundabout

Vocabulary: alle Themenbereiche
Aim:
Wörter benennen, wiederholen
Resources:
Bildkarten, Spielfiguren, Würfel
What to do:
Dieses Spiel eignet sich für kleinere Gruppen oder Partnerarbeit innerhalb der Klasse. Die Bildkarten werden aufgedeckt auf dem Tisch in einem Kreis ausgelegt. Eine beliebige Karte bildet den Anfang des Spiels. Entsprechend der gewürfelten Zahl bewegen die Kinder ihre Spielfigur von einer Bildkarte zur nächsten. Bei der richtigen Benennung des Wortes wird die Bildkarte umgedreht. Wenn wieder ein Spieler auf eine umgedrehte Karte kommt, muss das Wort aus dem Gedächtnis gesagt werden. Das Spiel ist zu Ende, wenn alle Karten umgedreht wurden.

SPIELEKARTEI: MARITA BRUNE

Numbers and words

Vocabulary: Zahlen und bestimmte Wörter
Aim: Zählen und Nennen von Vokabeln eines Themenbereichs, hohe Konzentration
What to do:
Im Kreis sitzend zählen die Kinder auf Englisch, jeder sagt eine Zahl. Wenn die Zahl eine 7 ist oder durch 7 teilbar ist, muss diese ersetzt werden durch ein Wort, das zum behandelten Themenkreis passt. Die Zahlen 10, 20, 30, … müssen immer durch zwei Wörter ersetzt werden. Es kommt auf Schnelligkeit an. Wer etwas verpasst oder wem nichts einfällt, scheidet aus.
Variation:
Bei jüngeren S können auch 5, 10, 15, 20 durch Wörter ersetzt werden. Ab 20 wird wieder bei 1 angefangen zu zählen.
Soll nur das Zählen im Mittelpunkt stehen, kann auch ein Fantasiewort statt der Zahl genannt werden, z. B. *buzz*.
Cross-curricular link: Mathematik

Charades

Vocabulary: food, clothing, animals, toys
Aim: Wortschatz üben
What to do:
Zunächst werden innerhalb der Klasse Regeln festgelegt, vor allem, wenn verschiedene Themenbereiche vorkommen. Jede Kategorie bekommt ein nonverbales Zeichen, z. B. *food* – Handbewegung zum Mund, *animals* – Hände bilden zwei Ohren über dem Kopf.
Der erste Schauspieler denkt sich ein der Klasse bekanntes Wort aus, das er darstellen will, und mimt die Kategorie. Wenn diese richtig geraten wird, tippt er sich an die Nase und nickt. Wer das dargestellte Wort richtig geraten hat, ist der nächste Schauspieler.
Variation:
L gibt durch Wort- oder Bildkarten die Wörter vor. Der Darsteller kann vorher mit seinen Fingern zeigen, wie viele Silben das Wort hat.
Cross-curricular link: Theater

Hurry, waiter!

Vocabulary: alle Themenbereiche
Aim: Vokabeln üben unter Zeitdruck und mit Bewegung
Resources: Pappteller, Tischtennisball, Bildkarten
What to do: Die Klasse wird in zwei oder mehr gleich große Teams eingeteilt. Jedes Team wählt einen Kellner, hinter dem sich die Gruppenmitglieder mit größeren Abständen aufstellen. Der Kellner bekommt einen Pappteller, einen Tischtennisball und einen Stapel Bildkarten. Auf Kommando muss der Kellner im Slalom um seine Mitschüler herumlaufen. Sollte der Ball herunterfallen, muss der Kellner wieder beim Ausgangspunkt anfangen. Wenn der Kellner erfolgreich am Ausgangspunkt angekommen ist, übergibt er den Teller an den nächsten Spieler. Dieser muss das Wort auf der ersten Bildkarte sagen, bevor er den Parcours absolviert. Alternativ serviert der abgebende Kellner seinem Nachfolger das Tablett mit einer passende Phrase, bevor er sich hinten anstellt.
Cross-curricular link: Sportunterricht

Sound effects

Vocabulary: toys, school things, animals, household objects
Aim: Objekte anhand des Geräusches, das sie machen, identifizieren und benennen
Resources: Objekte, mit denen man ein Geräusch machen kann oder dessen Geräusch man nachahmen kann
What to do: Die Objekte werden in Kombination mit dem Geräusch auf einem Tisch präsentiert: Schlüssel (rasseln), Papier (reißen, zerknüllen), Kugelschreiber, Luftballon, Spielzeugauto … S schließen die Augen.
L oder S erzeugen ein entsprechendes Geräusch. Wer erkennt, was es ist, meldet sich. Es werden mehrere Antworten angehört, bevor die Lösung bestätigt wird.
Variations: S arbeiten im Team. S 1 hat die Augen geschlossen. S 2 präsentiert max. fünf Geräusche nacheinander, S 1 benennt die Gegenstände. Ist die Antwort richtig, bekommt er/sie einen Punkt. Danach wird gewechselt. Wer errät mehr?

SPIELEKARTE: MARITA BRUNE

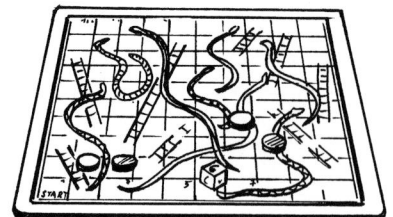

ILLUSTRATIONEN: ANKE SCHÄFER

football	board game	building bricks
card game	doll	hula hoop
jigsaw puzzle	marbles	monster truck
train set	puppet	racing car

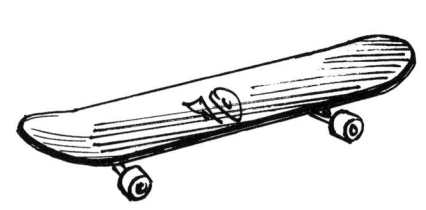

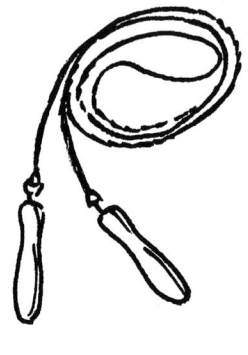

robot

scooter

skateboard

skipping rope

teddy bear

spinning top

ILLUSTRATIONEN: ANKE SCHÄFER

Eine Turnhalle voller Pferde

Eine themenorientierte Unterrichtseinheit

VON STEFANIE RÜPKE

In meinem Sportunterricht bemühe ich mich, Lernsituationen zu schaffen, die alle Übenden an eine gemeinsame, möglichst bewegungsverwandte Aufgabe bindet, dem Einzelnen jedoch genügend Raum zum Ausschöpfen seiner individuellen Fähigkeiten lässt. So haben alle Kinder die Möglichkeit, entsprechend ihrer Interessen, individuellen Voraussetzungen und Leistungsfähigkeit zu agieren.

Mich reizen die scheinbar unendlichen Möglichkeiten des Sportunterrichts und wecken in mir den Wunsch, kreative Veränderungen vorzunehmen. Zudem sehe ich die Faszination und Motivation der Kinder im Unterricht, wenn ein Inhalt bzw. eine Arbeitsform ihrem ganz persönlichen Interesse oder Bedürfnis entspricht. Aus diesen Erfahrungen und Beobachtungen entwickelte ich mein Konzept des themenorientierten Sportunterrichts.

Hierbei handelt es sich um eine kindorientierte Bewegungsdidaktik, die vielschichtig, sportartübergreifend, methodisch abwechslungsreich und mehrperspektivisch unterschiedliche Zielsetzungen im Sportunterricht der Grundschule verwirklichen kann. Jedes Kind einer Klasse ist dank dieses Konzepts in der Lage, zu seinen ganz persönlichen Erfolgserlebnissen und Spaß am Sport geführt und vielseitig gefördert zu werden.

Kern dieses Konzeptes ist die Ausnutzung der im Sportunterricht vorhandenen Vielfalt der Aktionsformen innerhalb einer Unterrichtseinheit. Zu den möglichen Aktionsformen zählen: Freies Spiel, Stationen, Übungsreihen, Spielreihen, sozial-kooperative Spiele, Einzel-, Partner-, Gruppen-, Klassenübung, Kreistraining, Vertrauensspiele, Ballspiele, Fangspiele, Staffeln, Übungen zur Körperwahrnehmung, Entspannungsübungen, Wettspiele, offene Aufgaben, ...

THEMENFINDUNG

Weitgefasste Inhalte werden zu Themen, die unterschiedliche Aktionsformen integrieren, um jedes Kind in seinen Fähigkeiten und Wünschen zu erreichen und ein überdauerndes Interesse an Sport und Spiel entwickeln können. Aber auch die Vermittlung von Fertigkeiten, Körpererfahrungen und sozialen Kompetenzen beinhaltet der themen-

orientierte Sportunterricht. Und es macht einfach Spaß, mit den Kindern gemeinsam innerhalb eines Themas unterschiedliche Aktionsformen zu erproben und sich von ihrer Begeisterung anstecken zu lassen. Für Kinder ist es einleuchtender, in Zusammenhängen zu lernen, und jede Lehrerin, jeder Lehrer kennt sicherlich die Faszination einer guten Geschichte und ihre Wirkung auf Kinder sowie die Motivation, sich ganz auf das Spiel einzulassen.

Tiere sind eines der Lieblingsthemen vieler Kinder und sie lassen sich zu gerne in eine Fantasiewelt entführen, in der sie selbst Tiere sein können. Ich habe mich für Pferde entschieden, weil ich dazu die meisten Ideen hatte.

UMSETZUNG IM UNTERRICHT

Durchgeführt habe ich die Unterrichtseinheit „Pferde" in einem ersten Schuljahr mit 21 Kindern. Sie nahm mit den zehn verschiedenen Übungsangeboten sechs Sportstunden in Anspruch. Zu diesem Zeitpunkt hatten die Kinder noch keine Erfahrungen mit Stilleübungen in der Schule gesammelt und doch entschieden sich alle dafür, daran teilzunehmen. Sie waren sogar in der Lage, diesen zu folgen – manche kürzer, aber die meisten über den gesamten Zeitraum. Dies war für mich eine wertvolle Erfahrung. Ich folgerte daraus, Übungen dieser Art möglichst in einen Gesamtzusammenhang zu stellen, um den Kindern das „Sich-Einlassen" zu erleichtern.

Alle Schülerinnen und Schüler ließen sich von der Thematik anstecken und führten sowohl die Spiele als auch die Übungen mit Engagement und Spaß aus. Das vermittelte mir die nötige Motivation, um weiterhin themenorientierte Unterrichtseinheiten für den Sportunterricht zu entwickeln.

FOTO: ISTOCKPHOTO

Tiere - ein Lieblingsthema der Kinder wird zum Rahmenthema im Sportunterricht

Die angebotenen, unterschiedlichen Aktionsformen auf den Karteikarten (eine Auswahl siehe S. 112–114) können als Bausteine betrachtet werden, die je nach Bedarf und Bedingungen in beliebiger Reihenfolge eingesetzt werden können. Zusätzlich zu den vorgestellten Übungen habe ich eine Traumreise zum Thema durchgeführt, einen Hindernislauf (ähnlich einem Springparcours) mit den Kindern entwickelt und eine offene Aufgabe zum Thema „Zirkuspferde" angeboten, bei der die Kinder selbstständig Kunstwerke ausprobieren konnten. ■

PARTNERMASSAGE Im Pferdestall

Material: eventuell Matten

Die Hälfte der Klasse liegt am Boden (Pferde), die anderen ordnen sich jeweils einem Kind zu und knien sich daneben.
„Nach einem langen Tag bringen die Reiter ihre Pferde in den Stall, um sie zu versorgen. Die Pferde machen es sich ganz bequem. Sie werden:

- mit Stroh abgerieben
- beruhigt und vorsichtig abgeklopft
- von Kopf bis Fuß gestriegelt
- gestreichelt

Zum Schluss wird noch die Mähne gebürstet. Danach erfolgt ein Partnerwechsel. Die Lehrperson führt alle Massagebewegungen vor. Die Kinder sollen vorsichtig mit ihren Partnern umgehen.

AUSDAUERSPIEL Das Pony Johnny

Material: Bild eines Ponys
Bänke zur Abgrenzung einer Koppel
Bunt- oder Filzstifte

Es ist Nacht. Im Pferdestall ist es still. Alle Pferde liegen schlafend am Boden und träumen. Alle? Nein, eins liegt traurig im Stroh. Es ist das Pony Johnny. Heute hat es schon wieder beim Wettlauf verloren, weil es nicht so schnell wie die anderen Pferde laufen kann. Leise weint es vor sich hin. Plötzlich hat es eine Idee: „Ich kann zwar nicht so schnell, aber dafür ganz lange laufen!" Ein Leuchten huscht über sein Gesicht und dann springt es auf und läuft nach draußen. „Und wenn ich jetzt trainiere, werde ich bald noch länger laufen können, als die großen Pferde", denkt es. Nach sechs Runden um die ganze Wiese ist Johnny total kaputt und legt sich erstmal schlafen. „Und morgen", denkt es sich, „morgen werde ich wieder trainieren. Bis ich immer länger laufen kann!"
Die Anzahl der zu laufenden Runden wird festgelegt oder vorgegeben. Wenn ein Kind diese erreicht, darf es ein Körperteil des Pferdebildes anmalen.

ILLUSTRATIONEN: CORINNA PELCH

GYMNASTISCHE ÜBUNGEN <u>Johnny macht Quatsch</u>

<u>Material:</u> lustige, rhythmische Musik
Bänke zur Markierung einer Pferdekoppel
ein Band

„Alle Pferde stehen friedlich grasend auf der Wiese. Sie schauen gemächlich durch die Gegend. Aber was ist das? Da springt ein Pferd wie verrückt herum. Ach, das ist Johnny. Der ist schon wieder durchgedreht ... denken die anderen Pferde und wollen eigentlich gleich weiterfressen. Aber Johnny springt so wild herum und führt sich so komisch auf, dass die anderen lachen müssen. Da ruft Johnny: „Aufgepasst, alle mitmachen! Eins, zwei drei ...“

Ein Kind hat sich das Band umgehängt.
Es macht eine Übung vor.
Alle machen mit.
Danach übergibt es das Band
an das nächste Kind,
das eine Übung vormachen möchte.
Alle können einmal vormachen.
Wer nicht möchte, der muss nichts vormachen.

LAUFSCHULUNG <u>Die Fohlen lernen laufen</u>

<u>Material:</u> Bänke zur Abgrenzung einer Pferdekoppel

„Die jungen Fohlen sind ganz früh wach und stehen zuerst noch wackelig auf ihren Beinen. Langsam gehen sie umher und erproben ihre Bewegungsmöglichkeiten.“
Die Schülerinnen und Schüler dürfen ausprobieren, wie die Fohlen laufen.
„Als die großen Pferde wach werden und das sehen, schmunzeln sie. Die Fohlen sollen lernen, wie richtige Pferde zu laufen. Also gehen sie zu ihnen und zeigen ihnen alles:

• Gehen/Schreiten
• Traben
• Galoppieren
• Tänzeln
• Überkreuzen usw .“

Alle Kinder sollen die verschiedenen Laufstile ausprobieren.

ILLUSTRATIONEN: CORINNA PELCH

AUSDAUERSCHULUNG   Hindernislauf

Material: Klein- und Großgeräte
          Auswahl erfolgt gemeinsam mit den Kindern

Impuls: Die Pferde machen heute einen Hindernislauf im Kreis.
Oder
Aufgabe: Die Pferde wollen einen Hindernislauf machen!
          Was ist das?
          Was brauchen wir?

1. Ideen sammeln
2. Skizze erstellen
3. Aufbau festlegen
4. Erprobung im Rundlauf
5. evtl. Veränderungen vornehmen
6. evtl. Wettspiel veranstalten
7. Abbau festlegen

Mögliche Hindernisse: Hürden, Wassergraben, Hindernisse zum Überlaufen, Hindernisse zum Überspringen, festgelegte Wege durch Laufmarkierungen.

MUSIKMEDITATION   Johnny träumt

Material: ruhige Musik
          evtl. Matten

Den ganzen Tag war Johnny unterwegs. „Was habe ich heute alles gesehen", denkt er. „Im Wald wäre ich beinahe auf eine kleine Schlange getreten!" Der Gedanke macht ihm jetzt noch ein bisschen Angst. Zum Glück konnte er schnell genug weggaloppieren. Durch den ganzen Wald, über die Wiesen … „Und dann, in dem kleinen Dorf, der schöne, bunte Zirkus! Der war toll", denkt Johnny. Ihm gefielen die angemalten Wagen und das große, bunte Zelt. Clowns liefen umher und machten Quatsch. Und dann kamen die Pferde. Wunderschön glänzten ihre gestriegelten Mähnen und die gebürsteten Schweife! Ganz elegant liefen sie auf dem Zirkusplatz umher und übten ihre Kunststücke. „Ich möchte auch Kuntstücke machen und von den Menschen beklatscht werden …," denkt Johnny. Und das kleine Pony beginnt vom Leben als Zirkuspferd zu träumen …!

Nach einer Weile des Träumens
erhalten die Kinder Gelegenheit
von ihren Erfahrungen
und Träumen zu berichten.

ILLUSTRATIONEN: CORINNA PELCH

Wirklichkeit und Wahrheit

Kinder fragen, beantworten und deuten Jesusgeschichten

VON KATHARINA DITTMAR

„Was ist denn das überhaupt – ‚Reli'?" – so die Frage eines Erstklässlers. Das vorgestellte Lernarrangement soll Kinder neugierig auf Religionsunterricht machen und sie spüren lassen, dass Religion sie ganz persönlich angeht und ihre eigenen Fragen, Antworten und Deutungen aufgreift.

Schulanfänger begegnen den ersten Unterrichtsstunden in der Regel neugierig, motiviert, aber auch aufgeregt. Dass sie in Mathe rechnen und in Deutsch lesen und schreiben sowie in Kunst malen, ist den Kindern zumeist im Voraus klar. Was aber im Fach Religion geschieht, ist für viele eine große Frage. „Was machen wir jetzt hier?" oder „Was ist das – ‚Reli'?" waren die ersten Fragen der Kinder zu Beginn des Schuljahres.

Auch der Religionslehrerin, vor der Aufgabe stehend, Religion als Fach einzuführen, liegen ähnliche Fragen auf dem Herzen: „Wie gebe ich den Erstklässlern die nötige Sicherheit, und wie erhalte ich ihre Neugier auf das Fach? „Welche religiösen Erfahrungen haben die Kinder?" „Wie ermutige ich die Kinder, dass sie sich theologisierend verschiedenen Deutungsweisen annähern" und „Wie kann ich ihr eigenständiges Theologisieren würdigen und anregen?" Alle diese Fragen haben bei der Konzeption meines Lernarrangements zu den Jesusgeschichten (siehe Kasten auf S. 116 links in der Mitte) Eingang gefunden.

Das theologische Gespräch ist bei einem Religionsunterricht, der Kinder zum Fragen motivieren soll, Grundlage und Kern. Es befähigt die Lernenden, über ihre individuellen Erfahrungen und ihre eigene Existenz sowie ihren Glauben nachzudenken und ihre Gedanken zu reflektieren. Das Stellen

FOTO: KATHARINA DITTMAR

Die Schülerinnen und Schüler der ersten Klasse näherten sich den Jesusgeschichten zum Beispiel im Rahmen von Inszenierungen – wie hier bei einem Singspiel zur Geschichte „Jesus und die Kinder".

von Fragen ist in diesem Zusammenhang ebenso bedeutsam wie das Erarbeiten von Antwortmöglichkeiten unter Rückschluss auf die christliche Überlieferung. Eine wertschätzende Gesprächsatmosphäre ist von Beginn an unerlässlich. Insbesondere das Nebeneinander verschiedener Deutungsmöglichkeiten ist für viele Kinder zunächst ungewöhnlich, bedeutet aber eine große Chance für den Religionsunterricht und das Lernen im Allgemeinen. Welche Fragen die Kinder der ersten Klassen stellten, inwiefern diese gewürdigt, reflektiert und „beantwortet" wurden, wird im Folgenden näher beschrieben.

FRAGENSCHATZ

Das Stellen der eigenen Fragen schafft persönliches Interesse am Lerngegenstand und Nähe. Die Kinder sind motivierter, wenn sie wissen, dass es ihre eigenen Fragen sind, die zum Gegenstand des Religionsunterrichts werden. In den hier vorgestellten Unterrichtsstunden haben die Kinder insgesamt dreimal die Möglichkeit bekommen, ihre Fragen im „Fragenschatz" auf einem Plakat festzuhalten (siehe Abb. 1). Die Lehrperson hat die Fragen der Kinder begleitend am Smartboard notiert. Einige Fragen wie beispielsweise: „Wo wurde Jesus geboren?"

SCHNELL GELESEN

Die Autorin präsentiert ein Unterrichtsbeispiel, in dem verschiedene Zugänge und Deutungen von Kindern an Jesusgeschichten aufgezeigt und ihr Theologisieren aufgegriffen und gewürdigt werden. Die Unterrichtsidee wurde exemplarisch in einer ersten Klasse erprobt, kann aber auf ältere Jahrgänge übertragen werden.

DAS LERNARRAGEMENT

- **Sequenz 1: Religionsunterricht und ich?**
  Religion als Schatz – Kerzenspruch

- **Sequenz 2: Jesusgeschichten**
  Was weißt du alles über Jesus?

- **Sequenz 3: Jesus und die Kinder**
  Plakat „Jesus segnet die Kinder"

- **Sequenz 4: Jesus und Zachäus**
  Jesus hilft beim Entschuldigen

- **Sequenz 5: Jesus und Bartimäus**
  Jesus kann heil machen

- **Sequenz 6: Jesus stillt den Sturm**
  Jesus ist stark – stärker als der Sturm

- **Sequenz 7: Die Weihnachtsgeschichte**
  Man sagt „Jesus wird ein König, dessen Herrschaft niemals endet"

- **Sequenz 8: Unsere vielen Deutungen geben ein Ganzes**
  Puzzle gestalten: „Jesus ist wie …"

Abb. 1: Die Fragen der Kinder wurden mehrmals auf Plakaten als Fragenschatz gesammelt. Werden auf diese Weise eigene Fragen zum Unterrichtsgegenstand, wirkt sich das positiv auf die Motivation aus.

gehören zur Kategorie der Wissensfragen. Einige Kinder konnten sich dabei gegenseitig unterstützen und diese Fragen beantworten. Andere Fragen, wie beispielsweise „Sind die Geschichten wirklich passiert?", wurden farbig unterlegt und als Ausgangspunkt für weitere Stunden genutzt. Sie konnten nicht eindeutig und schnell beantwortet werden, denn es handelt sich um Glaubensfragen.

Nach Stefan Alkier und Bernhard Dressler (2003) ist für die Auslegung und Interpretation biblischer Texte, im Besonderen der Wundergeschichten, das Verständnis der Texte als „fremde Welten" von Bedeutung. Jeder Text ist ein Schatz an Erfahrungen und über „das Eintauchen in fremde Welten" zu ergründen, ohne dass diese in erster Linie an unserem Wirklichkeitsverständnis gemessen werden. Versteht man die biblischen Geschichten vor diesem Hintergrund, so laden sie zu unterschiedlichen Deutungen ein.

ANTWORTSUCHE

Die performative Inszenierung einiger Jesusgeschichten kann die beschriebene Fragehaltung und das Eintauchen in fremde Welten vertiefen. So konnten die Kinder nach dem probehandelnden Spielen der Geschichten mittels eines Singspiels von Reinhard Horn „Als Jesus auf der Erde war" (2006) einen ganzheitlichen Zugang zu den biblischen Geschichten erhalten. Ihre Fragen (siehe Abb. 1 unten) wurden konkreter und differenzierter, und auch ihr Zugang zum Theologisieren wurde deutlich intensiviert.

Viele Fragen forderten die Lerngruppe direkt auf, zu antworten oder nach Antworten zu suchen. So antwortet Lilli auf die Frage, was Bartimäus geheilt hat: „Bartimäus hat von Jesus eine Brille geschenkt bekommen." Niklas meint: „Bartimäus war gar nicht richtig blind – vielleicht konnte er nur nicht gut sehen und kann es jetzt wieder!" Auf den Einwand,

„DEUTUNG" ALS THEMA DER EXEGESE

Jeder Text verlangt nach einer Deutung. Wenn ich einen Text wirklich verstehen will, muss ich auch eine bewusste oder unbewusste Entscheidung darüber treffen, was dieser Text mir persönlich zu sagen hat, was dieser Text für mich bedeutet. Das gilt besonders für die Texte der Bibel. Schon in den biblischen Texten selbst ist das Prinzip der notwendigen Deutung angelegt. Zum Beispiel schlägt sich bereits in den Texten des Neuen Testaments die alte Debatte darüber nieder, ob der christliche Glaube primär eine rein innerliche Haltung des Vertrauens ist oder ob der Glaube nicht wesentlich auch aus menschlichen Handlungen besteht. Unterschiedliche Positionen in dieser Frage vertreten Paulus im Galaterbrief und der Verfasser des Jakobusbriefs. Beide Denker beziehen sich auf Abraham und zitieren aus dem 1. Buch Mose: „Abraham glaubte an Gott, und das wurde ihm zur Gerechtigkeit angerechnet" (Gen 15,6). Paulus kommentiert: Hier sieht man es ja, dass es allein auf das Vertrauen ankommt (Gal 3,6). Jakobus entgegnet: Aber Abrahams Glaube wird doch erst in seinem Handeln greifbar, als er nämlich bereit ist, seinen Sohn zu opfern (Jak 2,21.23).

Beiden Autoren sind also unterschiedliche Aspekte wichtig. Deswegen deuten sie die biblische Aussage von Abrahams Glauben je auf ihre Weise: Paulus als Vertrauen, der Jakobusbrief als Handlung. Indem sowohl der Galaterbrief als auch der Jakobusbrief zwischen ihren beiden Buchdeckeln zu finden sind, macht die Bibel schon in ihrer Anlage deutlich, dass unterschiedliche Deutungen nebeneinander stehen können und dürfen. Sie müssen heute immer wieder neu ins Gespräch gebracht werden, wie Katharina Dittmar es in diesem Beitrag am Beispiel von Jesusgeschichten zeigt.

Nils Neumann (wissenschaftlicher Mitarbeiter am Institut für Evangelische Theologie der Universität Kassel)

Abb. 2: Die Deutungsvielfalt der Jesusgeschichten wird an den entstandenen Kinderzeichnungen deutlich. Arianna stellt sich Jesus wie ein beschützendes Haus vor. Für Freya ist er wie ein Arzt.

dass im Text steht, Bartimäus war blind, erwidert er: „Dann hat Jesus vielleicht gezaubert!"

Neben einem geschützten Rahmen, in dem zunächst alle Antworten der Kinder relevant und nützlich sind, sollten einige dennoch aufgegriffen werden, um sie zu erweitern bzw. sanft zu korrigieren. Jesus wird aufgrund seiner Heilung „ohne anzufassen" als „Zauberer" gesehen. Er zaubert und Bartimäus kann wieder sehen. Diese Ansicht ist zunächst schlüssig erklärt.

Für den Lehrenden gilt es aber, dieses Bild um weitere Attribute zu ergänzen. So wurde das Bild des Zauberers von Niklas ergänzt. Jesus ist nach Niklas „ein Zauberer ‚ohne Tricks'. Jesus kann das alles, ohne üben zu müssen und ohne falsche Tricks zu lernen. Er ist besonders." Auf die spätere Frage, wieso der Sturm auf Jesus hört, antwortet Tizian: „Weil Jesus mächtig ist, mächtiger als der Sturm. Er ist auch mächtiger als ein König. Gott macht ihn so mächtig." Hierzu passt auch Emas Erklärung: „Jesus ist ja Gottes Sohn!" Dies ist für sie eine unumstößliche Antwort auf viele Deutungsfragen. Diese Antwort ist natürlich in sich stimmig und plausibel. Viele Kinder müssen diese Antwortsuche aber noch mit eigenen Erkenntnissen selbstständig füllen, ohne Emas Antwort als allgemeingültig hinzunehmen, denn der Weg zur Antwortsuche formt das religiöse Verständnis der Kinder.

DEUTUNGSFINDUNG

Jesus kann für viele Kinder „richtig gut erklären", denn „er erklärt den Jüngern, dass auch die Kinder zu ihm kommen dürfen, und er erklärt Zachäus „seine Fehler", und das machen zum Beispiel auch „Mamas oder Lehrer, sie erklären und helfen auch beim Entschuldigen", so Leni. Außerdem ist Jesus wie ein „Retter oder ein Beschützer", denn er verhindert das Untergehen auf dem See und beschützt so seine Freunde. Die Assoziation des Schutzes greift auch Arianna auf, sie malt ein schützendes Haus und bezieht die beschützende Rolle Jesu aus der biblischen Überlieferung symbolisch auf ihre Lebensumwelt (siehe Abb. 2 links).

Dass Jesus Bartimäus heilt, beschreibt Freya in Gedanken an einen Arzt (siehe Abb. 2 rechts). „Der kann auch Medizin geben." Auf die Rückfrage, ob Jesus auch Medizin gibt, ist sie entrüstet: „Nein, der kann das ohne, er macht einfach gesund!" Das „einfach" in diesem Satz bleibt als Gegenstand der „fremden Welt" bestehen. Es ist und bleibt Glaubensgegenstand und ist aus Sicht der Erstklässler zunächst „einfach so". Solche Deutungsversuche lassen Rückschlüsse bezüglich der religiösen Entwicklung des Kindes zu und können über weitere theologische Gespräche und ergänzende biblische Überlieferungen erweitert werden. In diesem Zusammenhang ist auch das abschließende Wandplakat der Kinder hilfreich. Alle Deutungsfassetten der Kinder sind in sich nützlich und bilden gemeinsam den Ausblick auf eine vielfältige Deutung der Gestalt Jesus Christus, ähnlich einem großen Puzzle.

DIE UNTERRICHTSEINHEIT IN SIEBEN SEQUENZEN

Der Einstieg in die Religionsstunden erfolgt jeweils mit dem Kerzenspruch, der Abschluss mit dem Tschüsslied (M 64).

1. Religionsunterricht – und ich?
Religion als Schatz
Einstieg: Die Kinder sitzen im Kreis und blicken auf eine brennende Kerze, die „Relikerze". Es folgt ein Gespräch über Erfahrungen und Gedanken: Was siehst du? Was fühlst du? Was kann die Kerze alles?

Kerzenspruch	Bewegung
Licht macht es hell um uns,	*mit der flachen Hand von links nach rechts Halbkreis formen*
Licht macht es warm in uns.	*beide Arme voreinander überkreuzen und Hände an den Armen wärmend reiben*
Jesus hat einmal gesagt:	*Zeigefinger nach oben*
„Ich bin das Licht der Welt!"	*mit den Händen eine Weltkugel formen*
Wir wollen dieses Licht	*auf die Kerze zeigen*
in der Religionsstunde bei uns spüren,	*beide Hände aufs Herz legen*
deshalb zünden wir diese Kerze an	*der rechte Zeigefinger ist das Streichholz, das am linken Zeigefinger entzündet wird*
und werden dabei ganz still.	*der rechte Zeigefinger wird auf den Mund gelegt*

Aus: Bergedorfer Grundschulpraxis Religion 1. Klasse, Christian Gauer, Markus Gross, Sabine Grünschläger-Bennecke, Micaela Röse, Gerhard Struwe. © Persen-Verlag, Buxtehude – AAP Lehrerfachverlage GmbH

M 64: Tschüsslied

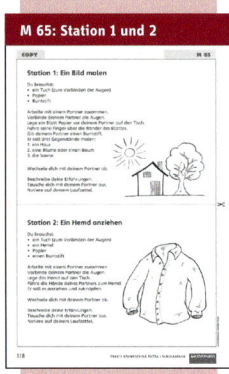

M 65: Station 1 und 2

M 66: Station 3 und Laufzettel

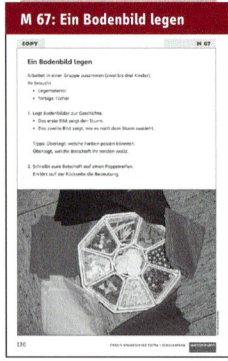

M 67: Ein Bodenbild legen

Hinführung: Die Kinder lernen den Kerzenspruch kennen. Jedes Kind zündet ein Teelicht an der Relikerze an. Die Lehrperson stellt neben die Kerze eine Schatztruhe mit wertvollen Gegenständen des Religionsunterrichts: z. B. Kinderbibel, Gebetswürfel, Herz, Anker, Kreuz, Liederheft, Buntstifte, CDs ... Gemeinsam werden Dinge aus der Schatztruhe benannt und die Lehrperson erklärt die Bedeutung für den Religionsunterricht.

Arbeitsphase: Die Kinder gestalten eine Kerze auf einem Blatt Papier.

Reflexion: Was mir heute wichtig war.

2. Was weisst du über Jesus?

Erarbeitung eines Fragenschatzes

Hinführung: Das Öffnen der Schatztruhe bringt Gegenstände zum Thema Jesus hervor: Bilderbücher, Bilder von Heilungs- und Begegnungsgeschichten.

Unterrichtsgespräch: Was siehst du? Was kennst du? Die Kinder entwickeln mit der Lehrperson ein Fragenplakat „Unser Fragenschatz zu Jesus." Der Fragenschatz wir nach der Bearbeitung einzelner Jesusgeschichten reflektiert. Mögliche Fragen sind: Wie alt ist Jesus? Wo wurde Jesus geboren? Wo ist Jesus jetzt?

Arbeitsphase: Die Kinder zeichnen auf einem DIN A5-Blatt ein Bild zu Jesus oder schreiben ihre Fragen auf.

3. Jesus und die Kinder

Jesus segnet die Kinder

Hinführung: Die Lehrperson erzählt die Geschichte von Jesus und den Kindern.

Unterrichtsgespräch mit Impulsen: Kennst du das auch: Du bist zu klein, um ...? Was denkt Jesus über die Kinder? (Sie sind ihm wichtig.) Was heißt segnen? (Glückwünschen, Zusprechen, geliebt und gewollt zu sein, Versprechen, immer für die Kinder da zu sein.)

Arbeitsphase: Gestaltung des Plakats „Jesus segnet die Kinder". Ein Bild von Jesus mit ausgebreiteten Armen klebt in der Mitte, jedes Kind zeichnet sich selbst und klebt sein Bild zu Jesus.

Reflexion: Was mir heute wichtig war.

4. Jesus und Zachäus

Jesus hilft beim Entschuldigen

Hinführung: Die Lehrperson erzählt von Jesus und Zachäus.

Unterrichtsgespräch: Wie ist Zachäus? (gemein, böse, denkt nur an sich) Was passiert nun? (Jesus zeigt, dass Zachäus ihm wichtig ist.) Wie empfinden das die Menschen? (Sie sind wütend und empört.)

Arbeitsphase: Die Kinder gestalten ein Bild zur Geschichte. Sie zeichnen, was ihnen an der Geschichte wichtig ist (z. B. Zachäus als Zöllner, Jesus isst mit Zachäus).

5. Jesus und Bartimäus

Jesus kann heil machen

Hinführung: Die Lehrperson liest die Geschichte von Jesus und Bartimäus vor.

Unterrichtsgespräch mit Impuls: Was ist mit Bartimäus? (Er ist blind und niemand beachtet ihn. Er setzt alle Hoffnung auf Jesus. Jesus hört ihn und erkennt seine Not. Bartimäus kann wieder sehen und geht mit Jesus.)

Arbeitsphase 1: Stationenarbeit zum Nachempfinden des Blindseins (siehe **M 65/M 66**). Weitere Fragen werden im Fragenschatz festgehalten.

Arbeitsphase 2: Rollenspiel zum Singspiel „Als Jesus auf der Erde war" (vgl. Horn u. a. 2006).

Gespräch: Wieso ist Bartimäus nicht mehr blind? Was hat ihm geholfen? Warum geht er mit Jesus mit?

Reflexion: An wen erinnert dich Jesus, wenn du die Geschichten hörst? Beispiele: „Jesus hilft Zachäus beim Entschuldigen, das machen auch die Lehrer oder Mama."; „Jesus ist wie ein besonderer Arzt. Er kann heilen, weil er die Kraft von Gott hat." Die Kinder vervollständigen Satzanfänge: „Jesus ist wie ...", „Ich denke dabei an die Geschichte ..."

6. Jesus stillt den Sturm

Jesus ist stärker als der Sturm

Hinführung: Die Lehrperson erzählt die Geschichte von der Sturmstillung.

Unterrichtsgespräch: „Wo befinden sich Jesus und die Jünger?" „Was passiert?" Die Lehrperson notiert weitere Fragen im Fragenschatz: „Wieso hört der Sturm auf Jesus?"

Arbeitsphase: Die Kinder legen in Kleingruppen mit Legematerial die Sturmstillgeschichte vor und nach der Stillung des Sturms (siehe **M 67**).

Reflexion: Vorstellung der Legebilder.

7. Die Weihnachtsgeschichte

Hinführung: Die Lehrperson erzählt die Weihnachtsgeschichte in mehreren Abschnitten (Maria und der Engel; Auf dem Weg nach Bethlehem; Die Hirten; Drei Könige folgen einem Stern).

Unterrichtsgespräch: Was sagt der Engel Maria über ihr Kind? Was meint der Engel damit? Passt das auch zu den anderen Jesusgeschichten?

Arbeitsphase: Die Kinder gestalten ein Bilderbuch. Sie zeichnen zu jeder Überschrift die Sinnabschnitte: 1. Auf dem Weg nach Bethlehem; 2. Jesus wird geboren; 3. Die Hirten; 4. Drei Könige folgen einem Stern.

8. Unsere vielen Deutungen ergeben ein Ganzes

Hinführung: Impulsfrage: „Wie ist Jesus?" Die Kinder berichten und reflektieren ihr Wissen über Jesus. Im Gespräch werden alls Fassetten erörtert: Jesus hilft, Jesus heilt, Jesus ist stark, Jesus ist lieb und beschützt, Jesus ist Retter und „netter" König, Jesus ist für die Kleinen und Armen da.

Arbeitsphase: Jedes Kind gestaltet ein Bild: Jesus ist wie ...

Reflexion: Die Kinder kleben ihre Bilder auf große Puzzleteile und gestalten damit ein Wandplakat. Jede Assoziation besitzt ihre Berechtigung, viele verschiedene Vorstellungen ergeben wie einzelne Puzzleteile zusammen ein Ganzes. ■

LITERATUR

Alkier, S./Dressler, B. (Hrsg.): Wundergeschichten als fremde Texte lesen. In: Dressler, B. u. a. Religion zeigen. Religionspädagogik und Semiotik. Münster 2003, S. 163–187

Hilger, G.: Kinder, ihr Theologisieren und ihre religiöse Entwicklung. In: Hilger, G., Ritter, W.-H. (Hrsg.): Religionsdidaktik Grundschule. Handbuch für die Praxis des evangelischen und katholischen Religionsunterrichts. München 2006, S. 92–106

Horn, R. u. a.: Bibelhits. 100 Lieder zum Alten und Neuen Testament. Lippstadt 2006

Tschüsslied

Text und Musik: Beate Lambert

In ei - ner Wo - che sind wir wie - der zu - rück und

eh wir uns tren - nen, wün-schen wir uns Glück. Glück. So viel

Glück wie die Ster - ne, so viel Glück wie die Er - de, so viel

Glück wie das Meer, das wün-schen wir uns sehr! So viel sehr!

Gesang	Bewegung
In einer Woche sind wir wieder zurück	mit dem Daumen der rechten Hand eine 1 zeigen
und eh wir uns trennen, wünschen wir uns Glück!	die Hände aufhalten (die Handinnenflächen zeigen nach oben)
So viel Glück wie die Sterne,	mit dem Zeigefinger auf die Sterne am Himmel deuten
so viel Glück wie die Erde,	mit den Händen eine Erdkugel formen
so viel Glück wie das Meer,	mit den Händen Wellenbewegungen machen
das wünschen wir uns sehr!	einander anschauen

BEATE LAMBERT: DIE SCHÖNSTEN MITMACHLIEDER FÜR DEN KINDERGARTEN, CANTO VERLAG 2009; BEATE LAMBERT: DER MECKERTROLL (AUDIO-CD), JUMBO VERLAG 2000 (ERHÄLTLICH UNTER WWW.BEATELAMBERT.DE)

Station 1: Ein Bild malen

Du brauchst:
- ein Tuch (zum Verbinden der Augen)
- Papier
- Buntstift

Arbeite mit einem Partner zusammen.
Verbinde deinem Partner die Augen.
Lege ein Blatt Papier vor deinem Partner auf den Tisch.
Führe seine Finger über die Ränder des Blattes.
Gib deinem Partner einen Buntstift.
Er soll drei Gegenstände malen:
1. ein Haus
2. eine Blume oder einen Baum
3. die Sonne

Wechsele dich mit deinem Partner ab.

Beschreibe deine Erfahrungen.
Tausche dich mit deinem Partner aus.
Notiere auf deinem Laufzettel.

Station 2: Ein Hemd anziehen

Du brauchst:
- ein Tuch (zum Verbinden der Augen)
- ein Hemd
- Papier
- einen Buntstift

Arbeite mit einem Partner zusammen.
Verbinde deinem Partner die Augen.
Lege das Hemd auf den Tisch.
Führe die Hände deines Partners zum Hemd.
Er soll es anziehen und zuknöpfen.

Wechsele dich mit deinem Partner ab.

Beschreibe deine Erfahrungen.
Tausche dich mit deinem Partner aus.
Notiere auf deinem Laufzettel.

ILLUSTRATIONEN: CORINNA PELCH

Station 3: Hindernisse überwinden

Du brauchst:
- ein Tuch (zum Verbinden der Augen)
- einen langen Stock
- ein Hindernis (z. B. Stühle)

Arbeite mit einem Partner zusammen.
Verbinde deinem Partner die Augen.
Gib deinem Partner den Stock in die Hand.
Führe deinen Partner vor das Hindernis.
Führe deinen Partner um das Hindernis herum.
Kann der Stock ihm helfen?

Wechsele dich mit deinem Partner ab.

Beschreibe deine Erfahrungen.
Tausche dich mit deinem Partner aus.
Notiere auf deinem Laufzettel.

Laufzettel

Station	Meine Erfahrungen:	erledigt
Station 1		☐
Station 2		☐
Station 3		☐

ILLUSTRATIONEN: CORINNA PELCH

Ein Bodenbild legen

Arbeitet in einer Gruppe zusammen (zwei bis drei Kinder).

Ihr braucht:

- Legematerial
- farbige Tücher

1. Legt Bodenbilder zur Geschichte.

   - Das erste Bild zeigt den Sturm.
   - Das zweite Bild zeigt, wie es nach dem Sturm aussieht.

   Tipps: Überlegt, welche Farben passen könnten.

   Überlegt, welche Botschaft ihr senden wollt.

2. Schreibt eure Botschaft auf einen Pappstreifen.

   Erklärt auf der Rückseite die Bedeutung.

FOTO: KATHARINA DITTMAR

Rhythmuserfahrungen im Erstunterricht

VON KONSTANZE KIESNER

Egal, welche Fächer wir studiert haben, wir sind für das „ganze" Kind da, in allen Lernbereichen des vorfachlichen Unterrichts. Das ist zugleich unsere selbst gestellte Herausforderung, manchmal auch Überforderung.

Rhythmus erfahren heißt auch, sich zu bewegen.

FOTO: HUMAN TOUCH NL

Da ist die Diskrepanz zwischen Anpassung an den Schulalltag, an die Lerngruppe und selbstbestimmter Entwicklung jedes einzelnen Kindes sowie die Herausforderung, Ordnung mit Freiheit zu verbinden. Da sind Stärken und Schwächen der Kinder, das Austauschen von persönlichkeitsbedingten Bedürfnissen, der Erziehungsauftrag und die Erwartungen der Kinder an Schule, Lehrerin und Lehrer.

Nach sechs Monaten Unterricht mit „meinen" Erstklässlern zog ich für mich eine erste „Bilanz": Die Kinder hatten Lieder gelernt, oft gesungen, regelmäßig Rhythmusspiele und Spiellieder erprobt, auf Instrumente erste Musiziererfahrungen gesammelt und sich zu Musik bewegt. Dieses „Sich-zu-Musik-Bewegen" birgt unumstritten bedeutsame Erfahrungen in sich. Alle denkbaren Begründungen dafür sind hinlänglich bekannt.

Was mich damals stärker zu interessieren begann, waren die „mitgebrachten" Bewegungen der Kinder. Was sind das für Bewegungen? Beachten wir sie? Genießen wir sie? Stören sie uns? Was fangen wir mit ihnen an? Welche inneren Bewegungen werden in den bewussten und unbewussten äußeren Bewegungen erkennbar?

Für mich war in den Bewegungen der Kinder Rhythmus. Wie sie sich setzen oder aufstehen, zur Tafel gehen, auf den Sitzbällen auf und ab wippen (sechs Bälle hatten wir zu Verfügung), wie sie beim Lesen mit den Beinen schlenkern, in die Hände klatschen, ihre Turnbeutel drehen usw. Was für ein Potenzial, das, bewusst gemacht, bewusst genutzt, ein Konzert ergeben könnte.

ZUR DIDAKTIK

Rhythmus ist nach Jaques Dalcroze[1] ein Urelement der Bewegung. Rhythmische Erfahrungen liegen immer im Wechselspiel von innerer und äußerer Bewegung.[2] Rhythmuserfahrungen

- müssen den Körper ebenso wie das Gefühl und den Verstand berücksichtigen,
- dienen der Ich-Stärkung,
- prägen Individualität und Gruppenzugehörigkeit,
- intensivieren die Wahrnehmung,
- ermöglichen Konfliktbeachtung, im Einzelfall Konfliktbewältigung.

Zeit, Raum, Kraft und Form sind verbindende Elemente von Bewegung und Musik, die ebenfalls durch diese Merkmale zu strukturieren sind. Die Bewegung der Kinder ist hier zunächst Ausgangspunkt, die Musik soll erst nach den Erfahrungen mit den eigenen inneren Rhythmen hinzukommen. Innere Rhythmen entstehen durch Herzschlag, Atemfluss, Pulsschlag und Blutzirkulation. Sie werden meist ignoriert, zumindest nicht bewusst wahrgenommen.

Rhythmus:

Ich hab meinen
hast du deinen
gefunden in dir
in mir

Die inneren Rhythmen sind in Verbindung zu bringen mit den äußeren Bewegungen (z. B. bei körperlichen Aktivitäten). Rhythmuserfahrung geht dabei von der inneren Bewegung aus, die mit der äußeren Bewegung in Zusammenhang gebracht wird. Die daraus resultierenden Erlebnisse prägen in besonderem Maße die Individualität, stärken das „Ich" durch bewusste Eigenwahrnehmung und bieten – bezogen auf einen Partner oder die Gruppe – eine Möglichkeit des Kennenlernens, der Akzeptanz des Vertrauten und des Fremden.

ZUR METHODE

Die Anfänge der inneren Rhythmuserfahrung können im Sportunterricht liegen. Nach der im Allgemeinen üblichen Aufwärmphase (Spiele, Laufen, Hüpfen, etc.) treffen wir uns im Sitzkreis und berichten von unserem augenblicklichen Befinden. Ein Impuls dafür lässt sich leicht durch das Aufgreifen einzelner, auffälliger Befunde setzen, z. B. in einem besonders erhitzten und erschöpften Kind. Diese Anfangssituationen sind methodisch besonders sensibel aufzubereiten. Welche Ausdehnung die verbale Reflexion bekommt, in welcher Form sie durchgeführt wird, kann hier nicht im Einzelnen besprochen, jedoch auf Grund meiner Erfahrungen verdeutlicht werden. Sie zeigen, dass durch ein nahezu rituelles Verfahren, das sukzessive an Intensität und Umfang zunimmt, sich die Erfolge deutlich einstellen.

1. Nur freiwillige Äußerungen; vorsichtige, sprachliche Hinweise auf den Herzschlag bzw. den Atem begleiten das Gespräch. Die Frage, wie wir überhaupt unseren Herzschlag bzw. Atem spüren können, wird zu erörtern sein. In meiner Klasse gab es sehr aufschlussreiche Äußerungen, die weit über die gestellte Frage hinausreichten und die wir in anderen Unterrichtssituationen aufgreifen konnten. So ergaben sich Gespräche über die Symbolhaftigkeit des Herzens, Liebe, Kummer, Angst.
2. Jedes Kind im Kreis teilt sein Befinden mit. Hier besteht die Möglichkeit der Übernahme von Äußerungen, die auch zeigen, dass wir einander zuhören.
3. Zur Ausdifferenzierung der Wahrnehmung: Die Kinder liegen auf dem Rücken und spüren ihrem Herzschlag nach, indem sie die rechte Hand auf die Herzgegend legen. Die Lehrerin kann helfen, sie zu lokalisieren. Mit der linken Hand klopfen die Kinder zart ihren Herzrhythmus neben dem Körper auf den Boden. Wer seinen Herzschlag gefunden hat, kann sich aufsetzen. Einigen Kindern ist das Liegen unangenehm. Sie setzen sich im Allgemeinen sehr schnell auf, sollten aber den Herzschlag dann aufspüren.

Die Kinder, deren Herz „nicht schlägt", die ihren Herzschlag nicht spüren, müssen bei ihrer Integration in die Übungen besonders behutsam und kontinuierlich betreut werden. Sie dürfen eventuell bei einem anderen Kind den Herzschlag erspüren. Hier gilt für die Lehrerin ebenso wie für die Kinder, dass immer vorher gefragt wird, ob die Hand aufgelegt werden darf.

Bei weiteren Durchführungen könnten sich die Kinder in Gruppen zusammensetzen und sich über ihre Erfahrungen, über ihren Herzschlag austauschen.

Interessant und abwechslungsreich gestalten sich diese Reflexionsphasen entsprechend den verschiedenen Aufwärmübungen mit bestimmten Bewegungsarten.

- **freie Bewegung:** Jeder wärmt sich nach eigenem Wunsch durch selbst gewählte Bewegungsabläufe auf. Die Kinder bewegen sich also in unterschiedlichen Formen, jeweils in ihrem Rhythmus.
- **gebundene Bewegung:** Die Kinder bewegen sich in festgelegten Bewegungsarten. Der Rhythmus bleibt ihnen dabei selbst wählbar (gehen, laufen, hüpfen, schleichen, springen, stolpern, hinken, stampfen, trippeln und anhalten).

- **bestimmte Bewegungen in fremdbestimmten Rhythmen:** Die Kinder bewegen sich nach Vorgaben von Tempo, Rhythmus, Musik oder nach Bewegungsvorgaben durch ihre Mitschüler.

Die fremdbestimmten äußeren Bewegungen lassen sich gut in Rollenspiele einbinden (Pausenhof, Spielplatz, Tiere). Die inneren Rhythmen von Herzschlag und Atem sind dabei von den Kindern immer wieder neu erspürbar, sodass die Ich-Stärkung und die Akzeptanz der Individualität durch die Wahrnehmungsschulung stetig zunimmt.

Meine Erfahrungen zeigen, dass die Kinder in der Mehrheit durchaus in der Lage sind, über den Zusammenhang der durchgeführten Bewegung mit ihrem Herzschlag und dem Atemfluss sowie ihrem allgemeinen physischen und psychischen Befinden zu reflektieren. Deutlich wird dies in Äußerungen wie: „Ich bin ja auch ganz schnell gerannt, deshalb geht mein Atem ganz schnell und mein Herz rast …" oder: „Das Hüpfen finde ich anstrengend, deshalb bin ich so k. o. Mein Atem geht nicht schnell, aber mein Herz klopft so doll …"

Die Kinder können schließlich sogar die Erfahrungen anderer auswerten, indem sie beobachten, wie sich der andere bewegt hat und wie wohl sein Herz bzw. sein Atem gehen müsste. Ganz eindeutig haben die Kinder nach ca. vier Wochen eine veränderte Einstellung zu ihren körpereigenen Rhythmen entwickelt. Wenn einige anfänglich mit diesen Übungen nicht viel anzufangen wussten, konnten sie doch im Verlauf der gemeinsamen Arbeit eine gewisse Neugierde auf ihre Rhythmen entwickeln. Zunehmend konnte ich beobachten, wie mehrere Kinder von selbst ihren Herzschlag erfahren wollten, um genauer zu wissen, wie sie sich fühlen. Nach den Pausen hörte ich öfter, wie sich Kinder über das Toben auf dem Hof, ihr jetziges Gefühl und über ihren Herzschlag oder ihren Atem unterhielten.

VERTRAUTES STÄRKEN

Um dieses neu gewonnene Bewusstsein nun weiter musikalisch zu nutzen, ging ich auf das Nachahmen von Tierbewegungen anhand des Musikstücks „Karneval der Tiere" von Camille Saint-Saens (1835–1921) ein.[3] Bedeutsam ist hier die Übertragung der Erfahrungen mit eigenen Rhythmen auf die Darstellung der Tiere in einer bestimmten Szene, vorgegeben durch die Musik.

Als ich im Unterricht an dem Punkt angelangt war, von den inneren Bewegungen der Kinder auf die äußeren Bewegungen überzugehen, war ich froh, mich mit diesem Stück

auf vertrautem Terrain zu bewegen. Langweilig wurde es dennoch nicht. Schließlich ermöglicht das Werk viele Rollen, Bewegungen in verschiedenen Rhythmen, unterschiedliche Temperamente, mehrere Identifikationen und die Chance zur Andersartigkeit durch Imitation fremder Bewegungen.

Auf Grund der Vorerfahrungen wählten die Kinder „ihr" Tier zunächst nach subjektiven Kriterien aus. Nachdem sie ihre Entscheidung für ein bestimmtes Tier nach Aussehen, Beliebtheitsgrad getroffen hatten, korrigierten sie diese schon anhand erster Erfahrungen mit der entsprechenden Bewegung. Nach dem Hören der Musik setzten dann weitere Irritationen ein. Gespräche über die Diskrepanzen zwischen Vorstellungen bzw. Erwartungen und Wahrnehmungen verdeutlichten die Gründe. Die durch die Musik vorstrukturierte Bewegung widersprach bisweilen dem inneren Rhythmus, dem körperlichen Wohlbefinden. Einige Kinder fühlten sich dagegen in diesem erlebten Gegensatz sehr wohl. Andere wiederum, bei denen die Bewegungen zum jeweiligen Stück (Tier) dem eigenen Rhythmus eher entsprach, fühlten sich stark gefordert, diese „Rolle" nunmehr konsequent auszufüllen. Sowohl die differenzierenden Aussagen zur Bewegung (innere und äußere) als auch die verbale Analyse der Musik erstaunte mich sehr. So bewusst detailliert habe ich Kinder dieser Altersstufe noch nicht Rhythmus – Bewegung – Musik zusammenhängend erfahren erlebt.

Nachdem jedes Kind sich für ein Tier entschieden hatte, konnten sie in Gruppen eine Choreografie für ihre jeweilige Szene entwickeln. Am Ende der gemeinsamen Arbeit (nach weiteren vier Wochen) hatten wir ein komplettes Stück zusammen. Für das Aquarium, den Kuckuck und die Pianisten fanden wir andere Darstellungsmöglichkeiten als die Bewegung, da sich für diese „Tiere" kein Kind interessiert hatte. Unsere Arbeit wurde zum Abschluss des ersten Schuljahres den Eltern vorgeführt.

Für mich ist selbstverständlich geworden, weiterhin mit den inneren Bewegungen auch im alltäglichen Unterrichtsablauf umzugehen. Vielleicht schon am ersten Schultag nach den Ferien, an dem bestimmt einige Herzen heftiger klopfen werden. ∎

1 Vgl. **Tervooren, H.:** Rhythmisch-musikalische Erziehung. Essen 1994, S. 17
2 Vgl. **Vogel-Steinmann, B.:** Was ist Rhythmik? Regensburg 1979, S. 39 ff.
3 Das Werk wird häufig für szenische Darstellungen in der Grundschule eingesetzt, ist aber nicht minder geeignet für die rhythmische Arbeit.

Kunstunterricht im ersten Schuljahr

Bildnerisches Gestalten im Unterricht bedarf in der Regel kaum einer besonderen Motivation, denn schöpferisches Arbeiten ist ein Grundbedürfnis des Menschen, kreatives Gestalten und das Herstellen von Dingen „ureigene Form menschlichen Handelns".[1]

VON HEIKE ANTONSCHMIDT

Fast alle Kinder arbeiten in diesem Bereich mit viel Spaß und Eifer und oftmals auch erstaunlich ausdauernd und konzentriert. Das eigenaktive, experimentelle Arbeiten im Kunstunterricht ist für die Kinder stets eine willkommene Abwechslung am Schulvormittag.

Im Kunstunterricht lernt das Kind, seine individuellen Ausdrucksfähigkeiten und -fertigkeiten unter Anwendung verschiedener Techniken und Materialien zu entwickeln. Beim handelnd-experimentierenden Umgang mit verschiedenen Materialien ist das Kind mit allen Sinnen beteiligt, es lernt differenzierter und intensiver zu sehen, macht vielfältige taktil-motorische Erfahrungen, begreift Zusammenhänge. Die Feinmotorik und die Auge-Hand-Koordination werden weiter entwickelt, was sich auch positiv auf die Schreibmotorik auswirkt. Im Bereich der intellektuellen Entwicklung des Kindes wird insbesondere das divergente Denken angeregt und gefördert (Fantasie, Flexibilisierung und Erweiterung des Vorstellungsvermögens, Fähigkeit zum Problemlösen).

ZEICHNEN UND MALEN IM EINSCHULUNGSALTER

Die bildnerischen Fähigkeiten der Kinder werden heute bereits im Vorschulalter gefördert. Im Elternhaus und Kindergarten kann das Kind erste Erfahrungen machen mit Schere, Klebstoff, Pinsel, Wasserfarben, Modelliermasse und diversen Bastelmaterialien und dabei Fantasie und Freude am bildnerischen Arbeiten und Sensibilität für Farbe und Formen entwickeln.

Abhängig von der Förderung und einem entsprechenden Angebot an Materialien verfügen die Erstklässler über recht unterschiedliche Kenntnisse und Erfahrungen auf diesem Gebiet. Viele Lehrerinnen und Lehrer beobachten zunehmende Defizite in der Feinmotorik bei den Einschulungskindern infolge des veränderten Spiel- und Freizeitverhaltens (Fernseh- und Videokonsum, PC-Spiele, Gameboys etc).

Die feinmotorischen Fähigkeiten sind aber auch in hohem Maße abhängig von der

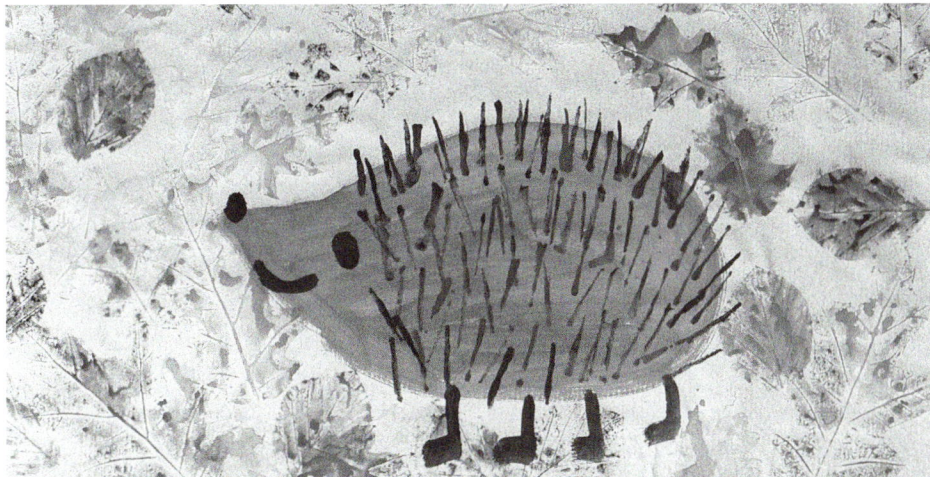

Erste Erfahrungen mit unterschiedlichen Materialien und Techniken.

FOTO: HEIKE ANTONSCHMIDT

neurologischen Reifeentwicklung des Kindes, und auch hier gibt es große individuelle Unterschiede. Erkennbar ist dies z. B. daran, wie ein Kind Ohren, Augen, Nase, Mund oder Details von Kleidung zeichnerisch repräsentiert.

Die motorische Bewegung beim Zeichnen und auch beim Schreiben erfordert eine komplexe Zusammenarbeit verschiedener Muskelgruppen und ihre Steuerung und Kontrolle durch das Gehirn. Zeichnen ist bei Kindern im Einschulungsalter die am häufigsten angewandte bildnerische Technik, denn Papier und Stifte liegen fast immer bereit, und für viele Kinder gehört Zeichnen zu ihren Lieblingsbeschäftigungen. Darum soll dieser Bereich im Folgenden etwas näher beleuchtet werden.

Beim Zeichnen experimentiert das Kind mit den grafischen Elementen Strich, Punkt und Linie: es zeichnet wellenförmige, eckige und gerade Spuren – hier besteht eine enge Verbindung zur Schrift und Schreibmotorik. Zeichnen ist für das Kind Spiel. Am liebsten zeichnet es spontan und weiß oft zu Beginn noch nicht, was es darstellen will. Es fängt einfach an mit einem Motiv aus seinem Erlebnis- oder Interessenbereich, am häufigsten zeichnet es Menschen und Tiere. Menschen malt es mit Kopf, Rumpf, Gliedmaßen.

Auch Tiere stellt es in einer Weise dar, dass wir sie identifizieren können. Einige Kinder versuchen schon, Bewegungsabläufe zu zeichnen oder Menschen im Profil darzu-

stellen. Häufig werden noch Dinge an der unteren Bildkante aufgereiht.

Das Kind ist um eine realistische Darstellung bemüht („intellektueller Realismus"[2]), und wenn eine Zeichnung nicht der Vorstellung entsprechend gelingt, ändert es mitunter seine ursprüngliche Intention, entwickelt neue Ideen und zeichnet einfach etwas anderes. Mehrdeutige Figuren „interpretiert" es gegebenenfalls im Nachhinein. Gelegentlich ist es aber auch enttäuscht über ein „Misslingen" und zerknüllt oder zerreißt sein Bild.

Das Kind zeichnet nur das, was es als bedeutsam erachtet und stellt dabei Wichtiges oft übertrieben groß dar, Unwichtiges wird verkleinert oder ganz weggelassen. „Proportionen, die das Kind sieht, werden denen, die es fühlt, untergeordnet."[3]

Wir können beobachten, dass Kinder beim freien Zeichnen „banale" Themen immer wieder aufgreifen, z. B. immer wieder ein Haus mit Baum und Regenbogen zeichnen. Die Bilder wirken wenig originell, sondern eher langweilig, und die zeichnerische Entwicklung scheint zu stagnieren. Hier wird das Bedürfnis des Kindes nach Wiederholung deutlich: es bereitet ihm Freude, das, was ihm besonders gut gelingt, immer wieder zu reproduzieren („repetitives Plateau"[4]). Und die Reproduktion ist wichtig: das Kind gewinnt dadurch Sicherheit in der graphomotorischen Kontrolle und zugleich Selbstvertrauen. Deshalb sollte man hier nicht eingreifen, sondern die Kinder gewähren lassen. Auch eine periodische Unlust am Zeichnen kann man gelassen akzeptieren – diese Phase vergeht meist nach kurzer Zeit von selbst. Anschließend gehen die Kinder wieder fröhlich ans Werk.

Kinder zeichnen narrativ, d. h. sie wollen nicht nur das reale Objekt oder eine Person darstellen, sondern mit ihren Bildern von eigenen Erlebnissen oder Fantasien erzählen. „Das Bild ist ein ... Äquivalent zur Erzählung. Die Sprache in Bildern ersetzt die Sprache in Worten, aber der Wunsch bleibt der gleiche: zu informieren und zu erzählen."[5] Dabei ist das Kind oft affektiv beteiligt und kommentiert beim Zeichnen sein Bild. Es erzählt, was es gerade denkt, fühlt, bewegt oder auch bedrückt. In seinem Bild offenbart es seine persönliche Erlebniswelt, seine subjektive Stimmungslage.

Das Kind hat die Fähigkeit, „... sich im Einklang mit dem eigenen Erleben spontan auszudrücken",[6] eine Fähigkeit, die später meist verloren geht. „Früher zeichnete ich wie Raphael, aber ich brauchte mein ganzes Leben, um zeichnen zu lernen wie ein Kind", sagte Pablo Picasso.[7]

Auch Ängste, Wünsche und Sehnsüchte werden unbewusst in die Zeichnungen projiziert. Daher ist es interessant und aufschlussreich, dem Kind beim Zeichnen und Malen zuzuschauen und ihm zuzuhören. Zeichnen ist für Kinder auch ein wichtiges Mittel der Lebens- und Konfliktverarbeitung, mit dem es sich abreagiert und nicht verarbeitete Affekte und Erlebnisse zu bewältigen versucht (psychohygienische, kathartische Funktion). Daher brauchen Kinder auch in der Schule immer wieder Gelegenheit und Ermunterung zum freien Zeichnen, um ein individuelles Erlebnis aufarbeiten zu können und emotionale Spannungen abzubauen, sich ganz der Fantasie hinzugeben und im Bild Wunschträume zu realisieren. Beim freien Zeichnen entstehen fast von selbst Arbeitsintensität, Ausdauer und Konzentration.

INSPIRIERENDE ANGEBOTE

Im Schuleintrittsalter ist das Kind bereit, sich auch mit vorgegebenen Themen aus seiner Erfahrungs- und Interessenwelt auseinander zu setzen und wünscht sich neue Angebote und Anregungen. Bei der Aufgabenstellung sollte man darauf achten, dass die Kinder nicht zu sehr eingeengt werden, sondern immer die Möglichkeit haben, selbstbestimmt eigene Einfälle und Gestaltungsvariationen zu entwickeln und umzusetzen, damit jedes Kind zu einem individuellen Ergebnis kommt. Ein vielseitiges Materialangebot inspiriert zu fantasievollen

Die Silvesternacht: gemalt mit einem „gepusteten" Feuerwerk.

FOTO: HEIKE ANTONSCHMIDT

Ideen. Zur Anregung empfiehlt es sich, die verschiedensten Dinge und Materialien (Figuren, Wolle, Korken, Schachteln etc.) getrennt in Kartons zu sammeln – auch mit Unterstützung der Kinder – und sich so ein Materiallager zu schaffen, aus dem sich die Kinder spontan und nach Bedarf etwas aussuchen können.

GEMEINSCHAFTSARBEITEN STÄRKEN DAS WIR-GEFÜHL

Die Dekoration des Klassenraumes mit eigenen Arbeiten hilft den Kindern – gerade im ersten Schuljahr – mit der neuen Umgebung vertraut zu werden, sich angenommen, geborgen und bald „zu Hause" zu fühlen. Gemeinschaftsarbeiten sind besonders geeignet, zusätzlich die soziale Interaktion und Kommunikation der Kinder in der Klasse zu fördern. Es geht darum, miteinander an einer gemeinsamen Sache zu arbeiten, die getroffenen Absprachen einzuhalten und sich zu arrangieren. Bei vielen Themen ist es möglich, die Einzelarbeiten der Schülerinnen und Schüler zu einem großen Gemeinschaftsbild zusammenzustellen. Dabei ist das einzelne Werk des Kindes Teil eines Ganzen, zu dem jedes Kind mit seinen Fähigkeiten und Fertigkeiten etwas beigetragen hat und aus dem es auch seinen Beitrag identifizieren kann. Die Kinder können eindrucksvoll erleben, wie sehr die optische Wirkung eines großen Gemeinschaftsbildes aus vielen Einzelarbeiten gegenüber einem einzelnen Bild gesteigert wird.

Die Kinder haben ein gemeinsames Erfolgserlebnis, das sich stärkend auf das Wir-Gefühl der Klasse auswirkt. Das gemeinsame Betrachten, das Vorstellen und Besprechen der einzelnen Arbeiten der Kinder bietet

daneben Gelegenheit zu lernen, die Arbeiten der anderen Kinder zu akzeptieren und zu würdigen, sich gegenseitig Anregungen zu geben, ohne durch negative Kritik oder Lachen zu kränken (Lernziel Toleranz). Gleichzeitig wird durch die Bild- und Werkbetrachtung und Reflexion die sachbezogene Urteilsfähigkeit geschult. In der Arbeitsvorbereitungsphase, beim Herrichten des Arbeitsplatzes und beim Aufräumen sind alle Kinder beteiligt und helfen mit (Selbstständigkeit, Eigenverantwortung). Auch in dieser Phase werden wichtige soziale und kommunikative Erfahrungen gemacht. Die Abläufe müssen eingeübt – am besten „ritualisiert" werden.

Die Freude und Fröhlichkeit, die das Kind bei der gestalterischen Tätigkeit erlebt und auch der Stolz auf das eigene gelungene Werk fördern das Selbstwertgefühl und Selbstvertrauen des Kindes und können sich positiv auf seine gesamte Lernbereitschaft, die Arbeitshaltung und Einstellung zur Schule überhaupt auswirken! Nachfolgend werden auf S. 127–129 einige praktikable Ideen für den Kunstunterricht im ersten Schuljahr vorgestellt, die ohne großen Material- und Zeitaufwand im Unterricht umgesetzt werden können. ■

LITERATUR

[1] **Oerter, R.:** Kreatives Gestalten als ureigne Form menschlichen Handelns. In: Daucher, H. (Hrsg.): Kinder denken in Bildern. München 1990, S. 207

[2] Vgl. **Widlöcher, D.:** Was eine Kinderzeichnung verrät. Frankfurt/M. 1989, S. 49 ff.

[3] **Daucher, H.:** Kinder zeichnen, was sie denken. In: Daucher, H. (Hrsg.): Kinder denken in Bildern. München 1990, S. 154

[4] **Daucher, H.,** a.a.O., S. 140

[5] **Widlöcher, D.,** a.a.O. S. 51

[6] **Daucher, H.,** a.a.O. S. 115

[7] Pablo Picasso zitiert in: **Daucher, H.,** a.a.O. S. 7

Delfine

Material: Zeichenblockpapier, Pappschablonen, Wachsmalblöcke
Technik: Frottagedruck
Didaktisch-methodische Anmerkungen: Die Technik des Frottagedrucks ist simpel, aber sehr effektvoll.

Auf die vorbereitete Pappschablone legt man einen Bogen Papier und reibt mit einem Wachsmalblock gleichmäßig darüber, bis die Form deutlich sichtbar wird. Die Pappschablone darf dabei nicht verrutschen. Erst anschließend wird sie an eine andere Stelle unter das Papier geschoben und „frottiert", bis nach und nach die Delfinschule entsteht.
Die Kinder sind von dieser Technik fasziniert und entdecken und ertasten plötzlich viele interessante Oberflächenstrukturen in ihrer Umgebung, die sie durch „Rubbeltechnik" darstellen: Baumrinde, Spitzenstoffe, Mauersteine ... und natürlich Münzen (Förderung der visuellen und haptischen Wahrnehmung).
Am besten schickt man die Schüler auf Entdeckungs- bzw. „Frottage"-Reise! Sie können mit diesem Verfahren z. B. Glückwunsch- oder Grußkarten herstellen, womit gleichzeitig eine Schreibmotivation geschaffen wird.

Einzel- oder Gruppenarbeit

Hühner

Material: Zeichenblockpapier, grünes Seidenpapier, Bunt- oder Filzstifte, Kleber, Faltpapier (ca. 10 x 10 cm) in diversen Farben
Technik: Falten/Collage
Didaktisch-methodische Anmerkungen: Falten fördert das genaue und sorgfältige Arbeiten.

Aus quadratischem Faltpapier werden die Hühner gefaltet und aufgeklebt, mit Bunt- oder Filzstiften bemalen die Kinder das farbenprächtige Federkleid nach Fantasie.
Der Hintergrund wirkt plastisch durch die Verwendung von geknülltem Seidenpapier, das auf einen Bogen Zeichenblockpapier aufgeklebt wird. Mehrere Arbeiten können auch zu einem „großen Hühnerhof" zusammengestellt werden.

Einzel-, Partner- oder Gruppenarbeit

FOTOS: HEIKE ANTONSCHMIDT

Murmelbild

Material: Deckel eines Schuhkartons, Zeichen-
papier, Abtön- oder Fingerfarbe, einige Glas-
murmeln
Technik: Murmelbild
Didaktisch-methodische Anmerkungen:
Eine einfache, aber originelle und sehr effekt-
volle Technik, ein spielerisch-experimenteller
Umgang mit Farbe.

Man legt ein in entsprechender Größe zuge-
schnittenes Blatt Zeichenpapier in den Deckel
eines Schuhkartons. Auf das Papier setzt man
einige Kleckse Abtön- oder Fingerfarbe, legt
einige Murmeln in den Deckel und bewegt diesen hin und her. Die Murmeln rollen durch die
Farbe und hinterlassen Spuren auf dem Papier.
Es entstehen sehr dekorative Zufallsbilder.

Einzelarbeit

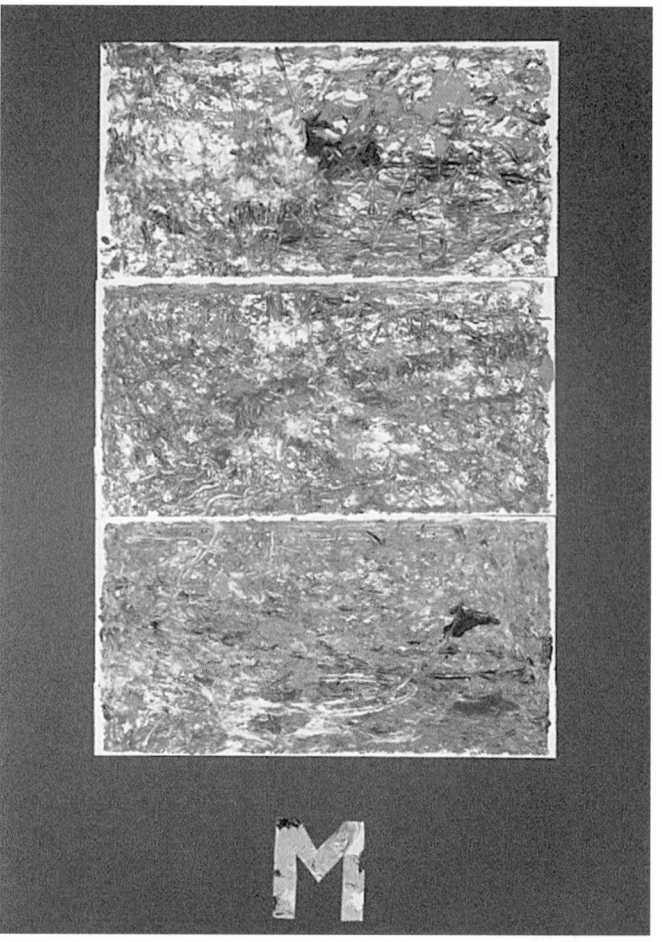

Narzissen

Material: farbiger Tonkarton (blau, gelb),
gelbes und grünes Krepppapier, grünes Seidenpapier, Filterpapier, Wasser- oder Deckfarbe, Pinsel, Pfeifenreiniger, Schere, Kleber,
Schwämmchen
Technik: Collage
Didaktisch-methodische Anmerkungen:
Zunächst werden die Konturen der Narzis-
sen mithilfe von Schablonen gezeichnet und
ausgeschnitten. Durch ein Loch in der Mitte
steckt man einen zusammengerafften Streifen
Krepppapier (ca. 4 x 20 cm). Der Stängel wird
aus Seidenpapier gedreht, Blätter und Gräser
bestehen aus Krepp- bzw. Seidenpapier.
Der Schmetterling wird aus einer an den
Seiten aufgeschnittenen Filtertüte gefertigt.
Die Kinder können hier spielend-entdeckend
die Nass-in-nass-Malerei kennen lernen: das
Filterpapier mit einem Schwämmchen anfeuch-
ten, einige kräftige Farbspuren auf den nassen
Grund tupfen und beobachten, wie die Farben
ineinander fließen.
Die Fühler bestehen aus einem Pfeifenreiniger.
Mehrere Arbeiten können als Osterwiese
(Wandfries) aneinander gereiht werden.

Einzel- oder Gruppenarbeit

FOTOS: HEIKE ANTONSCHMIDT

Waldgeist

Material: farbiger Tonkarton, Wollreste, Schere, Kleber
Technik: Klebebild
Didaktisch-methodische Anmerkungen:
Ein Thema aus dem Fantasiebereich.

Die Technik ist etwas mühsam, macht den Kindern aber Spaß. Es werden von einem Wollknäuel Stücke von etwa 4 cm Länge abgeschnitten und „aufgedrieselt" bzw. aufgezupft. Damit wird eine Figur auf dunklen Tonkarton gelegt und festgeklebt. Es entstehen ganz unterschiedliche Gestalten, je nach Fantasie und Ausdauer.
Die Kinder können ihrem Waldgeist einen ausgefallenen Namen geben. Sie sind auch begeistert von der Idee, sich selbst als Waldgeister zu verkleiden und ein szenisches Spiel zu improvisieren oder Geschichten zu erfinden. Die richtige Atmosphäre lässt sich durch die Musik von Edvard Grieg „Peer Gynt" erzeugen! Mehrere Waldgeister können auch einen Reigen tanzen.

Einzelarbeit

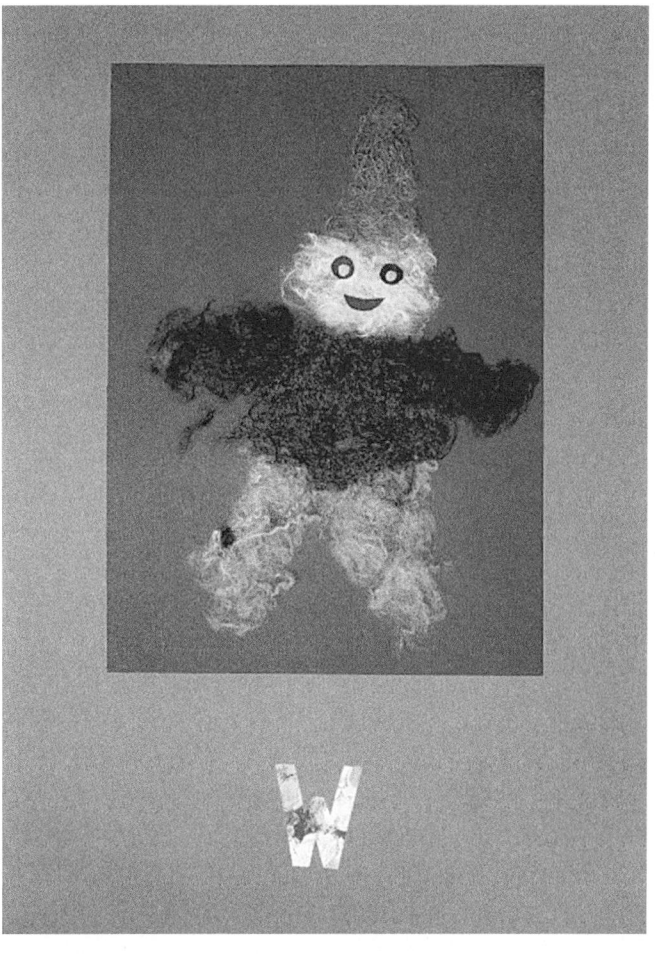

Zebras

Material: Zeichenblockpapier, alte Tageszeitungen, Deckfarbe (schwarz, Deckweiß, Pinsel, Kleber)
Technik: Deckfarbenmalerei/Collage
Didaktisch-methodische Anmerkungen: Bücher und Abbildungen von Zebras stimmen auf das Thema ein.

Den Hintergrund bildet eine Montage aus Zeitungspapierstücken; darauf wird mit Deckfarbe das Zebra gemalt, wobei die Kinder darauf achten müssen, dass die Farben nicht ineinander laufen. Die Kinder bemühen sich meist sehr um eine realistische Darstellung der Tiere (visueller Realismus). Auch ist das Interesse an den Malergebnissen der Mitschüler groß. Die Einzelarbeiten lassen sich zu einer großen Zebraherde zusammenstellen.
Achtung: negative, kränkende Kritik (Lachen), kann Kinder sehr verunsichern und ihre Malfreude hemmen! Es ist wichtig, Toleranz zu lernen, alle Arbeiten zu akzeptieren und zu würdigen, am besten, indem man sie aufhängt.

Einzel- oder Gruppenarbeit

FOTOS: HEIKE ANTONSCHMIDT

Lesen Sie weiter:

DEUTSCH DIFFERENZIERT

Heft 1/2013:
Methoden im Anfangsunterricht

Der Eintritt in die Schule wird als Meilenstein in der Entwicklung des Kindes angesehen. Welche Methoden im Anfangsunterricht werden allen Kindern gerecht auf ihrem Weg in die Welt des Lesens und Schreibens? Das Heft bietet verschiedene Projekte und Vorschläge dazu, wie man den unterschiedlichen Entwicklungsstand und unterschiedliche Lernwege eines Kindes berücksichtigen kann.

MATHEMATIK DIFFERENZIERT

Heft 1/2012:
Den Übergang erleichtern – Kita und Schule kooperieren

Da Mathematiklernen nicht erst mit Schuleintritt beginnt, ist es für Lehrkräfte und Erzieherinnen im Rahmen der vorgeschriebenen Kooperation gleichermaßen eine bedeutsame Aufgabe jedem Kind die Weiterentwicklung der eigenen Fähigkeiten zu ermöglichen. Neben Beispielen gelungener Kooperation zwischen Elementar- und Primarbereich, in denen die mathematischen Kompetenzen im Mittelpunkt stehen, werden auch organisatorische Gestaltungsmöglichkeiten angesprochen.

GRUNDSCHULE

Heft 10/2011:
Von der Kita in die Schule – Den Übergang professionell gestalten

Die Bedeutung der Elementarbildung ist derzeit stark im öffentlichen Bewusstsein. Dies zeigt sich u. a. an den Bildungsplänen für die Kindertageseinrichtung sowie an der Qualifizierung und Weiterbildung von pädagogischen Fachkräften. Wie steht es aber mit dem Übergang von der Kindertageseinrichtung in die Schule? Um diesen linear und ohne Brüche zu gestalten, ist eine Kooperation zwischen der Pädagogik des Elementarbereichs und der der Schule unter Einbeziehung fachdidaktischer Diskussionen erforderlich.

Bestellen Sie Ihre Hefte per E-Mail (abo-bestellung@westermann.de), telefonisch (0531 708-8631) oder unter www.deutsch-differenziert.de, www.mathematik-differenziert.de bzw. www.die-grundschule.de.

Impressum

Herausgeber und Verlag:
Bildungshaus Schulbuchverlage Westermann
Schroedel Diesterweg Schöningh Winklers GmbH
Georg-Westermann-Allee 66
38104 Braunschweig

Redaktion:
Kerstin Jacobsen
Redaktionsbüro Jacobsen
Telefon: 089 45162517
E-Mail: info@redaktion-jacobsen.de
Ursula Flemmer (V.i.S.d.P.):
Telefon: 0531 708-391
gru@westermann.de

Teamleitung Grundschulzeitschriften:
Ursula Flemmer

Redaktionsleitung:
Bernd Bredemeyer

Vertrieb:
Karin Pusz
Telefon: 0531 708-8306
E-Mail: karin.pusz@bms-verlage.de

Layout und Herstellung:
Gerald Stöter
die schnittstelle
www.die-schnittstelle.de

Titel:
Esther Sejtka

Gesamtherstellung:
westermann druck GmbH
Georg-Westermann-Allee 66
38104 Braunschweig
Telefon: 0531 708-0

Beilagen:
Poster Geburtstagskalender

Best.-Nr./ISBN:
3-14-161010-X bzw. 978-3-14-161010-9

Leserservice:
Für Informationen und Ihre Bestellung:
Telefon: 0531 708-8631, Telefax: 0531 708-617
E-Mail: abo-bestellung@westermann.de

Quellenverzeichnis
In diesem Heft finden Sie Beiträge aus den folgenden Themenheften der Zeitschriften Praxis Grundschule, Grundschule, Deutsch Differenziert, Mathematik Differenziert, Weltwissen Sachunterricht und Take off!:

S. 6–8 aus Grundschule 6–2011: In der Lernwerkstatt
S. 9–11 aus Grundschule 7/8–2011: Literatur genießen – Literatur verstehen
S. 12–19 aus Praxis Grundschule 4–2004: Historische Stadtansichten
S. 20–23 aus Deutsch Differenziert 2–2010: Spracherwerb fördern und fordern
S. 24–27 aus Praxis Grundschule 4–2007: Individueller Rechtschreibunterricht
S. 28–29 aus Grundschule 3–1997: Offene Lernsituationen im Mathematikunterricht
S. 30–33 aus Deutsch Differenziert 2–2010: Spracherwerb fördern und fordern
S. 34–39 aus Deutsch Differenziert 3–2006: Lese- Rechtschreibschwierigkeiten im Anfangsunterricht
S. 40–49 aus Deutsch Differenziert 1–2013: Methoden im Anfangsunterricht
S. 50–52 aus Praxis Grundschule 3–2009: Schreibkompetenz entwickeln
S. 53–56 aus Praxis Grundschule 3–2000: Aspekte der Sexualerziehung
S. 57–59 aus Grundschule 7/8–2003: Kinder lernen mit allen Sinnen/Schulanfang zwischen Test und Tüte
S. 60–68 aus Mathematik Differenziert 1–2012: Kooperation Kita-Schule
S. 69–74 aus Praxis Grundschule 2–1998: Differenzieren im Mathematikunterricht
S. 76–79 aus Praxis Grundschule 3–2007: Jahrgangsübergreifendes Arbeiten im Mathematikunterricht
S. 80–85 aus Weltwissen Sachunterricht 2–2009: Die Welt in Bewegung
S. 86–92 aus Weltwissen Sachunterricht 2–2011: Lust auf Gärtnern!
S. 93–97 aus Weltwissen Sachunterricht 1–2007: Arbeit: Was ist das?
S. 98–102 aus Weltwissen Sachunterricht 2–2012: Alle Wetter!
S. 105–110 aus Take off! 2–2013: Toys and games
S. 111–114 aus Praxis Grundschule 4–2002: Vorlesen und Erzählen
S. 115–117 u. S. 119–122 aus: Grundschule 6–2012: Kinder fragen nach der Wahrheit
S. 123–124 aus Grundschule 1–1998: Bilder, Klänge, Texte/Das Lernen in Bewegung bringen
S. 125–129 aus Grundschule 5–1998: Jahreszeiten/Erste-Klasse-Tag

VORSCHAU

Praxis Grundschule Extra Band 1/2014: **Stationenlernen**	Praxis Grundschule Extra Band 2/2014: **Musikstunden mit Pfiff!**